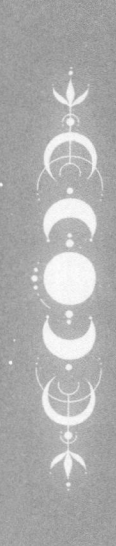

GATOS

Guía mística

Título original: *Cats - Mystical Guide*

© 2026 Librero b.v. (edición española)
Hambakenwetering 8B
5231 DC 's-Hertogenbosch
Países Bajos
www.librero.nl

Responsable editorial Balthazar Pagani
Diseño gráfico y maquetación: Bebung
Corrección y verificación de datos: Fabia Brustia
Contenido e investigación: BesideBooks srl

Vivida® es una marca depositada y registrada de White Star s.r.l.
© 2026 White Star s.r.l.
Piazzale Luigi Cadorna, 6
20123 Milaan, Italië
www.whitestar.it.

Producción de la edición española:
Traducción: Montserrat Ribas Casellas para Delivering iBooks & Design
Redacción y maquetación: Delivering iBooks & Design, Barcelona

Distribución exclusiva de la edición española:
Librero IBP S. L.
C/ Paseo de los Olmos, n.º 20
Planta 1.ª, oficina 7
28005 Madrid, España
www.librero-ibp.es

Printed in China, AFP012026
ISBN: 978-94-6499-200-7

GATOS

Guía mística

La magia, la sabiduría y los poderes
de las distintas razas felinas

INTRODUCCIONES DE
Ewa Princi y Federica Vanini

ILUSTRACIONES DE
Fabiana Belmonte

Librero

Índice

✦

12 GATOS *de la* NATURALEZA

Vinculados a los elementos y a los espíritus de la Tierra, los gatos de la naturaleza son antiguos custodios de la conexión con el mundo natural.

✦

42 GATOS ESPIRITUALES

Custodios silenciosos del mundo invisible, los gatos espirituales estimulan la intuición y la percepción.

76 GATOS PROTECTORES

Con su mirada atenta y su presencia reconfortante, los gatos protectores custodian la energía de la casa y de las personas que viven en ella, aportando estabilidad, calma y consuelo en momentos de vulnerabilidad.

106 GATOS *de* TRANSFORMACIÓN

Algunos gatos parecen traspasar los límites, moviéndose entre quienes fuimos y en quienes nos estamos convirtiendo.

130 GATOS *de la* SUERTE

Hay gatos que parecen ser una bendición, que son capaces de atraer ocasiones afortunadas, relaciones felices y pequeños milagros cotidianos.

Nota editorial

Este libro nace de un profundo amor por los animales, en especial los gatos. Cada raza incluida ha sido minuciosamente investigada, con el objetivo de ofrecer información fiable y accesible a las personas que desean conocer mejor a estos maravillosos compañeros.

Además de los datos históricos, descriptivos y etológicos, encontrará una parte dedicada a la magia: una dimensión simbólica e imaginativa compuesta de intuiciones, asociaciones e interpretaciones libres. Estas similitudes no pretenden ser verdades absolutas, sino pequeños puentes entre mundos.

Hemos intentado hablar de cada gato de manera respetuosa y poética, con la esperanza de que entre estas páginas pueda reconocer a su felino, descubrir algo más sobre el animal que ya le acompaña… o sentirse inspirado para encontrar el gato adecuado, el que se le asemeje o que le complemente. Y, si en todo ello hubiera un poco de magia, ¡que sea la suya!

Cuando el gato ha elegido al humano

Todo empezó hará unos 9000 años, cuando un pequeño felino salvaje, el gato montés africano (*Felis silvestris lybica*), se aproximó a los primeros pueblos agrícolas de Oriente Medio, atraído por los roedores que había en los graneros. Nadie se imaginaba que, de aquel encuentro, surgiría uno de los vínculos más profundos entre diferentes especies.

Desde entonces, el gato aparece en toda la historia humana: compañero de granjeros y reinas, actualmente forma parte de nuestra vida cotidiana, al tiempo que conserva su irreductible alma salvaje.

El gato nunca fue domesticado en el sentido clásico: fue él quien decidió quedarse, manteniendo intacta su naturaleza independiente. Esto es lo que hace tan especial su presencia en nuestras vidas. No nos pertenece, pero nos acompaña. No nos sirve, pero cuida de nosotros. No nos obedece, pero nos observa y a veces nos enseña.

Toda raza felina cuenta su propia historia, pero las diferencias de temperamento que observamos entre cada gato no son casuales: están arraigadas a tres fuerzas profundamente entrelazadas entre sí.

La primera es la de la genética selectiva. Las razas que hoy conocemos son el resultado de selecciones realizadas por el hombre, a menudo a partir de las poblaciones naturales. La cría ha configurado no solo el aspecto exterior sino también el carácter. Algunas razas han sido deliberadamente conducidas hacia rasgos más dóciles y sociables, como el gato ragdoll, el persa y el birmano; otras han conservado una vivacidad más marcada, una curiosidad instintiva y una mayor necesidad de explorar, como el gato bengalí, el abisinio y el siamés.

La segunda fuerza es menos visible pero igual de decisiva: el umbral de activación. Algunos gatos nacen con una estructura neurofisiológica que los hace particularmente reactivos a los estímulos —sonidos, movimientos, contactos— mientras que otros mantienen una quietud interior que los hace parecer imperturbables. Es como si el gato estuviera sintonizado con su propia frecuencia perceptiva, una manera singular de percibir el mundo. Las razas con gran sensibilidad y, por tanto, con un bajo umbral de activación, son el siamés, el abisinio, el bengalí y el devon rex —reactivos, perceptivos, emocionalmente intensos— mientras que el maine coon, el siberiano y el gato de los bosques de Noruega son curiosos pero equilibrados. Para terminar, tenemos el británico de pelo corto, el cartujo, el persa y el ragdoll: son menos reactivos, más tranquilos y precisan estímulos más intensos para activarse.

Por último, la tercera fuerza: el entorno. Las experiencias vividas en los primeros meses de vida dejan impresiones profundas en el comportamiento adulto. La forma en que se toca a un gatito, se le escucha, se le da la bienvenida o se le ignora, la abundancia de estímulos a los que se ve expuesto, el tipo de relación que se intenta: todo esto contribuye a configurar su forma de ser y de reaccionar.

El entrelazamiento de estas tres dimensiones es lo que produce la extraordinaria variedad de personalidades, lo que convierte a cada gato en un universo. Asimismo, dentro de la misma raza, se dan infinitos matices: un vivo reflejo del cruce entre lo que ya estaba escrito y lo que la vida ha sabido escribir. La personalidad no es un rasgo fijo e inmutable, sino una predisposición dinámica que se modifica con el tiempo como respuesta al entorno, las experiencias y la relación con el ser humano. Es el resultado de una interacción continua entre genética, desarrollo y contexto. Y en todo ello también queda espacio para el misterio. El gato, con su ágil presencia que no nos limita sino que nos acompaña, y con su peculiar forma de ser que nos muestra quienes somos y en quién podríamos convertirnos.

Ewa Princi

El gato y la bruja

Cualquiera que se haya relacionado con un gato puede apreciar su fascinación y misterio, pero solo quienes han tenido la suerte de ser elegidos por uno pueden comprender el universo que se esconde tras esa profunda mirada.

Caminando sinuosa y silenciosamente por los márgenes de nuestro mundo, el gato ha acompañado a la humanidad desde el principio de los tiempos. Cazador capaz, protegía a las antiguas poblaciones de las enfermedades transmitidas por los roedores, convirtiéndose con ello en el intermediario de la benevolencia divina.

El contacto entre el gato y el reino de los dioses queda especialmente claro en las antiguas religiones: desde el antiguo Egipto, donde se representaba a la diosa Bastet con cabeza de felino y cuerpo de mujer, hasta las gélidas tierras del norte de Europa, donde la diosa nórdica Freya viajaba en un carro tirado por dos majestuosos gatos. Las historias y las leyendas procedentes de todos los rincones del globo, unidas a la tendencia natural del gato a moverse en la oscuridad, contribuyeron a acrecentar su fama de guardián de los misterios inaccesibles al ser humano y, pronto, en la imaginación colectiva, el gato se convirtió en un mensajero capaz de moverse entre los mundos visible e invisible.

Sin embargo, en 1233 una bula papal decretó que los gatos, en especial los negros, representaban una emanación del diablo o un aliado de sus seguidores. Por ello, el afable felino pasó a ser un emisario de los dioses a un espíritu engañoso y cómplice de las fuerzas del mal.

Por su independencia y su naturaleza elusiva, el gato se asoció con energías femeninas no sujetas al dominio masculino, y por ello apareció en la iconografía junto con las brujas, en el papel de *familiaris*, un miembro de la familia. El familiar era considerado un ayudante mágico, a menudo de naturaleza espiritual, cuya tarea consistía en ayudar a la bruja en sus prácticas y en su camino esotérico, dándole protección y buenos consejos.

Según el folclore y la tradición mágica, el gato se consideraba un aliado valioso por su armonía innata con estas energías sutiles. Varios relatos populares europeos cuentan que las brujas más poderosas eran capaces de mudar de forma o de «fundirse» con su aliado felino, adquiriendo así la capacidad de ver a través de sus ojos.

Las peculiaridades físicas y conductuales del gato, así como los acontecimientos que han marcado su historia, siguen fomentando la creencia de que el animal posee un vínculo profundo con el fino velo que llamamos magia. Esto también se debe a su extraordinaria sensibilidad, su capacidad de reflejar nuestras ansiedades disolviéndolas con sus ronroneos y su mirada enigmática.

Cualquiera que haya tenido un gato y la suerte de sentir su calor acurrucado junto a su corazón, que se haya extraviado en su mirada, sabe que el término «animal doméstico» es insuficiente para describir su esencia verdadera, porque es mucho más: es un alma vieja que nos ha elegido entre millones de personas.

Vivir con un gato nos permite aprender algo más sobre nosotros mismos y sobre el mundo que nos rodea. Su tranquilo dominio del ocio y los repentinos arrebatos de alegría nos recuerdan que la vida no es solo una búsqueda afanosa, sino un equilibrio delicado que debemos ganarnos para poder vivir plenamente nuestra existencia.

Con su sabiduría innata y una mirada tan profunda que parece escudriñar el alma, nos invita a elevar nuestro espíritu hacia horizontes inexplorados. Nos hace saber que la vida no solo es materia, sino que vibra con energía; está en nuestras manos afinar nuestra mirada.

La vida de quien ha amado a un gato es una vida rica, porque ha acariciado un fragmento de misterio, albergado un susurro de magia en su corazón y comprendido que no estamos ni estaremos nunca solos.

Federica Vanini

GATOS
de la
NATURALEZA

Vinculados a los elementos y los espíritus de la Tierra, los gatos de la naturaleza son antiguos custodios de la conexión con el mundo natural.

Con su instinto primordial y su presencia imponente, evocan el poder de los árboles, los ríos y el viento. Estos gatos recuerdan la fuerza de los elementos, arraigan el alma y protegen a quienes les rodean. Hemos asociado a cada uno de ellos con una flor o planta mágica que expresa sus características, lo que los convierte en compañeros perfectos para quienes viven en armonía con el entorno.

KURILIAN BOBTAIL

ORIGEN: Islas Kuriles

CARACTERÍSTICAS DISTINTIVAS: Cola corta y enroscada, cuerpo compacto, pelaje resistente

PERSONALIDAD: Leal, observador, territorial

PODERES MÁGICOS: Protege de las influencias externas negativas y establece límites energéticos

SU PAPEL EN LA MAGIA: Guardián mágico, ideal para rituales de defensa

---

Origen e historia

Originario de las islas Kuriles, situadas entre Rusia y Japón, el gato kurilian bobtail es una raza antigua que se desarrolló de forma natural en el duro clima del archipiélago, donde sigue habitando. Los pescadores creían que estos gatos traían buena suerte y se los llevaban en sus barcas para mantener alejados a los roedores. Su cola corta y enroscada refuerza su imagen como símbolo de singularidad y protección.

Características físicas y conductuales

El kurilian bobtail posee un cuerpo musculoso y compacto. La cola corta le sirve para evitar una pérdida excesiva de calor corporal. Por el grueso pelaje y los mechones de pelo que le salen de las orejas, casi parece un lince. Es un gato curioso, ágil a pesar de su corpulencia y un cazador excelente.

Vínculo mágico: cualidades espirituales y poderes que se le atribuyen

El gato kurilian bobtail se considera un gran protector de la energía. Su presencia contribuye a crear límites energéticos saludables y desvía las influencias negativas, como el helecho, una planta tradicionalmente asociada a las prácticas de protección. Es ideal para quienes practican rituales de defensa contra las energías hostiles.

Relación con su dueño

Este gato es perfecto para crear un espacio seguro durante un trabajo mágico, ya que ayuda a no perder la concentración. Su capacidad para percibir cambios energéticos hace de él un custodio siempre alerta y dispuesto a defender su territorio físico y espiritual.

ANGORA
TURCO

ORIGEN: Turquía

CARACTERÍSTICAS DISTINTIVAS: Pelaje largo y sedoso,
ojos de varios colores (incluso heterocromáticos),
cuerpo elegante

PERSONALIDAD: Sensible, afectuoso, armonioso

PODERES MÁGICOS: Favorece el fluir de la energía
y la ligereza emocional

SU PAPEL EN LA MAGIA: Facilita las prácticas
de relajación y purificación

Origen e historia

El gato de angora turco pertenece a una de las razas felinas más
antiguas y su nombre procede de la ciudad de Ankara, en el pasado
conocida como Angora. La historia cuenta que Mahoma tenía un gato
de angora turco de color naranja, cuyo pelaje se volvió blanco como
la nieve durante un invierno especialmente crudo. La leyenda dice que
si le susurra al oído a este felino, sus deseos llegarán al cielo.

Características físicas y conductuales

El gato de angora turco posee un cuerpo esbelto y elegante, con un pelaje largo y sedoso que puede ser de varias tonalidades diferentes. También sus ojos pueden ser de distintos colores y, con su forma almendrada, refuerzan su magnético y su misterioso carácter. Es un gato ágil, de naturaleza afectuosa y sociable. Es capaz de desarrollar un fuerte vínculo con su compañero humano, pero conserva su independencia, que lo hace amante de los espacios exteriores.

Vínculo mágico: cualidades espirituales y poderes que se le atribuyen

Se le atribuye la capacidad de eliminar bloqueos emocionales y energéticos solo con su presencia. Se le considera facilitador de la transformación y de la adaptación, capaz de aportar ligereza y gracia en momentos de dificultad. Sus talentos confieren calma y claridad, por lo que ayudan a enfrentarse a los desafíos con confianza y serenidad. Por este motivo se lo asocia con la manzanilla, una planta calmante capaz de disipar la tensión.

Relación con su dueño

El gato de angora turco está vinculado al elemento aire y es un aliado valioso en los rituales de destierro y transformación. Es perfecto para prácticas de liberación y limpieza, una ayuda notable para despejar energías negativas y facilitar el flujo emocional.

Su sensibilidad ayuda a la persona a percibir las vibraciones sutiles y las presencias inmateriales, tanto naturales como sobrenaturales, y a reconectar con la propia esencia interior.

PARA SABER UN POCO MÁS

Un gato valorado por profetas y héroes

CON EL TRANSCURSO DEL TIEMPO HAN IDO SURGIENDO LEYENDAS SOBRE EL GATO DE ANGORA TURCO, QUE SE HAN TRANSMITIDO ORALMENTE HASTA NUESTROS DÍAS. UNA DE ELLAS CUENTA QUE AL ANGORA TURCO DEL PROFETA MAHOMA, TRAS VOLVERSE BLANCO DURANTE UN INVIERNO ESPECIALMENTE FRÍO, LE GUSTABA DORMIR ENCIMA DE LA MANGA DE SU AMO. MAHOMA QUERÍA TANTO AL FELINO QUE, UN DÍA, PARA NO DESPERTARLO, DECIDIÓ CORTAR LA MANGA DE LA TÚNICA. SEGÚN OTRA LEYENDA, EL HÉROE NACIONAL TURCO MUSTAFÁ KEMAL ATATÜRK TUVO ÉXITO EN SU EMPRESA DE FUNDAR LA REPÚBLICA TURCA Y CONVERTIRSE EN SU PRIMER PRESIDENTE PORQUE FUE ELEGIDO POR UN GATO DE ANGORA QUE LE MORDIÓ EL TOBILLO, TRANSMITIÉNDOLE ASÍ EL FAVOR DIVINO. SE DICE QUE EL PROPIO ATATÜRK, QUE MURIÓ EN 1938, RENACERÁ UN DÍA EN FORMA DE GATO DE ANGORA TURCO, CON UN OJO DORADO Y EL OTRO AZUL.

LAPERM

ORIGEN: Estados Unidos

CARACTERÍSTICAS DISTINTIVAS: Pelaje rizado y fino,
ojos brillantes, aspecto singular

PERSONALIDAD: Afectuoso, juguetón, sociable

PODERES MÁGICOS: Despeja los bloqueos emocionales,
estimula la transformación

SU PAPEL EN LA MAGIA: Regulador emocional,
sustenta los cambios interiores

Origen e historia

La raza LaPerm es relativamente reciente, ya que surgió de forma
espontánea en Estados Unidos en la década de 1980. El primero nació
en una granja de Oregón de una gata doméstica que vivía fuera de
la casa. De una camada de seis gatitos, uno de ellos no tenía pelo.
En la octava semana, le empezó a crecer un pelaje suave y rizado, y
después pasó esta característica genética a sus propias crías.

Características físicas y conductuales

Es un gato de tamaño medio y de constitución musculosa y esbelta. Su pelaje rizado puede ser de distintas longitudes y densidades. Tiene los ojos grandes, a menudo dorados o verdes. Es un animal afectuoso y sociable que busca la proximidad de su compañero humano, a veces saltando sobre su regazo por voluntad propia.

Vínculo mágico: cualidades espirituales y poderes que se le atribuyen

Se cree que su presencia ayuda a disipar la tensión energética. Su energía estimula la creatividad y contribuye a superar los momentos de estrés emocional. Ayuda a soltar sin remordimiento lo que ya no sirve y a facilitar el paso hacia nuevas fases de la vida, al igual que el escaramujo, la flor utilizada en los rituales de sanación energética.

Relación con su dueño

El LaPerm es un compañero que inspira confianza en el cambio. Su capacidad de adaptación y su naturaleza afectuosa lo convierten en un valioso aliado para la gente que, en épocas de transformación, necesita fuerza y resistencia. Es una inspiración perfecta para quienes intentan transmutar las dificultades en nuevas oportunidades.

MAINE COON

ORIGEN: Estados Unidos

CARACTERÍSTICAS DISTINTIVAS: Pelaje largo y tupido, cuerpo grande y musculoso, cola voluminosa

PERSONALIDAD: Afectuoso, protector, amistoso

PODERES MÁGICOS: Protege la casa, aumenta la sensación de arraigo

SU PAPEL EN LA MAGIA: Custodio del equilibrio doméstico, ayuda en rituales de protección

---

Origen e historia

La raza maine coon, cuyos orígenes se pierden entre el mito y la realidad, es una de las más antiguas de Norteamérica. Se dice que el primero nació de un cruce entre un mapache y un lince, dos animales bien adaptados al duro clima del estado de Maine. Otra leyenda afirma que desciende de los gatos de María Antonieta, que fueron transportados a América durante la Revolución francesa.

Características físicas y conductuales

Con su impresionante cuerpo, el maine coon es la raza felina doméstica de mayor tamaño. El largo y espeso pelaje es una protección contra el frío, mientras que la cola, larga y esponjosa, recuerda la de un mapache. Tiene unos ojos grandes y claros que transmiten sensación de calma y curiosidad.

A pesar de sus imponentes dimensiones, es conocido por su naturaleza afectuosa y sociable, pues muestra un gran apego a su familia humana. Protector y gentil, es el compañero ideal para quienes quieren un gato amante de los niños.

Vínculo mágico: cualidades espirituales y poderes que se le atribuyen

A menudo se cree que el gato maine coon es el custodio de las energías domésticas. Su conexión con la naturaleza, su amor por el aire libre y su pasión por el agua lo hacen ideal para cualquiera que practique la magia elemental, en especial la del elemento tierra. Este gato incrementa la sensación de estabilidad: además de crear un entorno equilibrado y sereno, absorbe las energías negativas del exterior, del mismo modo que la salvia, una de las plantas purificadoras por excelencia.

Relación con su dueño

Este gato es el aliado perfecto para fortalecer la intuición y la determinación durante los rituales, porque ofrece estabilidad emocional y sustento energético. Su naturaleza tranquila lo convierte en el compañero ideal para los trabajos mágicos centrados en mantener la armonía doméstica. Con su imponente pero tranquilizadora presencia, el maine coon es mucho más que un simple gato: es un custodio, un protector y un símbolo del equilibrio.

PARA SABER UN POCO MÁS

Argus Filch y la Sra. Norris: los ojos de la magia

EN EL MUNDO DE HARRY POTTER, LA SRA. NORRIS ES LA FIEL Y MISTERIOSA GATA DE ARGUS FILCH, EL CELADOR DE HOGWARTS. AUNQUE EN LOS LIBROS SE LA DESCRIBE COMO UNA GATA ATIGRADA Y DELGADA DE OJOS SALTONES, EN LAS PELÍCULAS ES UN MAINE COON EL QUE INTERPRETA SU PAPEL, UNA ELECCIÓN PERFECTA POR SU IMPONENTE ASPECTO Y SU MIRADA PENETRANTE. LA SRA. NORRIS ES MÁS QUE UNA SIMPLE GATA: PARECE TENER UNA CONEXIÓN SOBRENATURAL CON FILCH Y APARECE DE REPENTE EN LOS MOMENTOS MÁS INCÓMODOS PARA LOS ESTUDIANTES. SU CAPACIDAD DE PATRULLAR EL CASTILLO Y «DENUNCIAR» INCLUSO LA INFRACCIÓN MÁS PEQUEÑA LA CONVIERTE EN UNA CRIATURA PRÁCTICAMENTE MÁGICA. EN MUCHAS CULTURAS, LOS GATOS SON CONSIDERADOS GUARDIANES DE LOS LÍMITES INVISIBLES, Y LA SRA. NORRIS PERSONIFICA A LA PERFECCIÓN ESTE ARQUETIPO: COMBINA LA FORMIDABLE PRESENCIA DEL MAINE COON CON EL MUNDO MÁGICO DEL QUE FORMA PARTE.

BIRMANO

ORIGEN: Birmania (actualmente Myanmar)

CARACTERÍSTICAS DISTINTIVAS: Pelaje largo y sedoso,
ojos de un azul intenso, extremos oscuros y garras blancas

PERSONALIDAD: Tranquilo, afectuoso, leal

PODERES MÁGICOS: Armoniza las energías,
fomenta la paz interior

SU PAPEL EN LA MAGIA: Custodio espiritual, ayuda
en la meditación y los rituales de equilibrio

Origen e historia

Según la leyenda, en un pasado remoto se construyeron en Birmania
muchos templos dedicados a la diosa Tsun-Kyan-Kse. Un día, unos
saqueadores entraron en el más importante de ellos y mataron
al anciano sacerdote que lo custodiaba. Cuando su gato blanco rezó
ante la estatua de la diosa para que se llevara el alma del sacerdote
al más allá, su pelaje se volvió dorado y sus ojos, de color azul zafiro.
Solo las garras permanecieron blancas, como símbolo de pureza.

Características físicas y conductuales

El pelaje semilargo y suave, las garras blancas y las zonas oscuras de la cara, las orejas y la cola lo hacen inconfundible. Los ojos azules transmiten la dulzura típica de esta raza. El gato birmano es conocido por su devoción, que lo lleva incluso a seguir a su compañero humano por la casa en busca de afecto.

Vínculo mágico: cualidades espirituales y poderes que se le atribuyen

Se dice que su presencia favorece la paz interior, por lo que es un ayudante perfecto para quien busca la serenidad en sus prácticas mágicas y de meditación. Este gato es un potente armonizador de energías, como la flor de loto, símbolo de pureza y armonía espiritual.

Relación con su dueño

El gato birmano es un aliado espiritual que inspira claridad mental. Su capacidad de armonizar las energías lo vuelve indispensable para los rituales de equilibrio y purificación. Su mirada hipnótica ayuda a su compañero humano a distanciarse de las inquietudes cotidianas y a establecer un contacto exclusivo con su propia mente.

GATO DE LOS BOSQUES DE NORUEGA

✦

ORIGEN: Escandinavia

CARACTERÍSTICAS DISTINTIVAS: Pelaje largo y tupido, ojos verdes o dorados, constitución robusta

PERSONALIDAD: Independiente, explorador, afectuoso

PODERES MÁGICOS: Conexión con los espíritus de la naturaleza, protección de los límites energéticos

SU PAPEL EN LA MAGIA: Fortalece el vínculo con la Tierra, equilibra las energías naturales y protege durante los rituales

---
✦

Origen e historia

Originario de Escandinavia, el gato de los bosques de Noruega está ligado a la mitología nórdica. Según la leyenda, el carro de la diosa Freya estaba tirado por una pareja de estos gatos. Esta robusta raza, acostumbrada al duro clima septentrional, se equipara a un espíritu guardián de los bosques. En numerosos relatos del folclore nórdico, el protagonista es un gato encantado llamado Skogkatt.

Características físicas y conductuales

Con su pelaje tupido e impermeable, el gato de los bosques de Noruega está perfectamente adaptado a los climas fríos. Una de sus características son los mechones de pelo que tiene entre los dedos, que lo protegen de la humedad y evitan que se hunda al caminar por la nieve. El cuerpo es grande y musculoso, las patas robustas y la cola gruesa. Tiene los ojos ovalados, a menudo verdes o dorados, colores que indican su íntima conexión con la naturaleza. A veces se describe como un «gigante bueno», de naturaleza amable pero de carácter emprendedor.

Vínculo mágico: cualidades espirituales y poderes que se le atribuyen

El gato de los bosques de Noruega encarna el vínculo con la magia elemental. Incluso en nuestros días, en muchos países centroeuropeos el saber popular le atribuye a esta raza una conexión especial con los fenómenos atmosféricos. Se dice que es capaz de comunicarse con las entidades de los bosques y de proteger los límites energéticos del hogar. En sintonía con el abeto, símbolo de protección y conexión con la naturaleza, este gato expande la percepción de las energías, lo que lo hace ideal para quienes trabajan con hechizos relacionados con la Tierra, la fertilidad y la protección.

Relación con su dueño

Este gato es el compañero perfecto para quienes buscan un aliado para la magia natural. Fortalece el vínculo con los elementos y ayuda a arraigar la energía durante los rituales. Su disposición serena pero vigilante ofrece seguridad emocional y protección espiritual, haciendo de él un custodio.

PARA SABER UN POCO MÁS

Del carro de Freya al bosque

EN LA MITOLOGÍA NÓRDICA, FREYA, DIOSA DEL AMOR, LA FERTILIDAD Y LA GUERRA, SOLÍA VIAJAR POR LOS CIELOS EN UN CARRO TIRADO POR DOS PODEROSOS GATOS, SÍMBOLOS DE FUERZA Y PROTECCIÓN. EL GATO DE LOS BOSQUES DE NORUEGA, CON SU GRUESO PELAJE Y SU PORTE MAJESTUOSO, ENCARNA PERFECTAMENTE LA IMAGEN DE ESTOS COMPAÑEROS SAGRADOS. SE CREÍA QUE SU PRESENCIA TRAÍA BUENA SUERTE, ALEJABA LAS ENERGÍAS NEGATIVAS Y PROTEGÍA A LA FAMILIA. EN LOS PAÍSES NÓRDICOS, LA TRADICIÓN DICTABA QUE LOS RECIÉN CASADOS, AL ENTRAR EN SU NUEVO HOGAR, TENÍAN QUE PREPARAR UN CUENCO CON LECHE PARA EL GATO DE LA CASA. SI ESTE LA TOMABA, SIGNIFICABA QUE EN LA CASA HABITABA UN ESPÍRITU BUENO. LAS LEYENDAS CUENTAN QUE FREYA TRAÍA LA PROSPERIDAD A QUIENES TRATABAN BIEN A SUS GATOS, UN MENSAJE QUE SE REFLEJA EN EL CONCEPTO DEL GATO DE LOS BOSQUES DE NORUEGA COMO SÍMBOLO DE ARMONÍA Y CONEXIÓN CON LA NATURALEZA.

SIBERIANO

ORIGEN: Rusia

CARACTERÍSTICAS DISTINTIVAS: Pelaje largo y espeso, constitución robusta, ojos verdes o dorados

PERSONALIDAD: Afectuoso, independiente, adaptable

PODERES MÁGICOS: Estabiliza las energías, absorbe la negatividad

SU PAPEL EN LA MAGIA: Protector doméstico, favorece el arraigo y la seguridad energética

---

Origen e historia

El gato siberiano es una raza antigua vinculada a los territorios salvajes y al duro clima de la taiga rusa. Se cuenta que, en la Edad Media, actuaba como custodio de los monasterios de Siberia, ya que podía hacer frente a la nieve y al hielo gracias a su extraordinaria capacidad de adaptación. Sabe orientarse y sobrevivir en los terrenos más hostiles, y esto lo ha convertido en un símbolo de fuerza y resistencia.

Características físicas y conductuales

El gato siberiano posee un cuerpo robusto y musculoso, con un pelaje largo que repele el agua y lo protege del frío. Suele crear un lazo con uno de los miembros de la familia de la que forma parte, y demuestra esta conexión prestándole una atención especial.

Vínculo mágico: cualidades espirituales y poderes que se le atribuyen

Este gato está considerado un custodio del entorno doméstico y un aliado que ofrece seguridad y fuerza, lo mismo que el abedul en el reino mágico. Su conexión con la tierra y con las fuerzas naturales lo hace ideal para la persona que desea conectar con su propia realidad interna y externa.

Relación con su dueño

La capacidad del gato siberiano de percibir las vibraciones del entorno le permite al humano que lo acompaña identificar y alejar las influencias negativas. Su presencia tranquilizadora es un firme sustento para toda práctica relacionada con el mundo de la naturaleza y la concienciación.

SOMALÍ

ORIGEN: Estados Unidos

CARACTERÍSTICAS DISTINTIVAS: Pelaje cobrizo
de medio a largo, cola gruesa, mirada intensa

PERSONALIDAD: Activo, entusiasta, fascinante

PODERES MÁGICOS: Alimenta la pasión, atrae la oportunidad

SU PAPEL EN LA MAGIA: Potencia los rituales
de atracción y crecimiento personal

Origen e historia

La raza somalí surgió en la década de 1960, pero sus orígenes
genéticos se remontan a las antiguas poblaciones de gatos africanos.
Probablemente se deriva de algunos ejemplares de abisinio de pelo
largo, que a finales del siglo XIX fueron llevados a Occidente. Su
naturaleza vivaz, su largo pelaje cobrizo y su cola gruesa le han hecho
ganarse el sobrenombre de «gato zorro».

Características físicas y conductuales

El gato somalí posee un cuerpo esbelto y musculoso, con un pelaje caracterizado por tonos cálidos que evocan el color de la arena o del cobre. Los ojos, grandes y almendrados, transmiten vivacidad y curiosidad con cada mirada. Es un gato muy activo y juguetón, amante de la exploración y la interacción social. Su agilidad e inteligencia lo convierten en un cazador natural, siempre en busca de nuevos incentivos y aventuras con las que llenar su día.

Vínculo mágico: cualidades espirituales y poderes que se le atribuyen

El gato somalí se relaciona con el elemento fuego. Estimula la acción y la confianza en uno mismo, y es capaz de reavivar nuestra energía vital como hace la raíz de jengibre en el mundo botánico. Su naturaleza cálida y envolvente actúa como una llama que despierta nuestra fuerza interior, perfecta para conferir valor, motivación y pasión a las personas de su entorno.

Relación con su dueño

Este gato es el aliado perfecto para los rituales que requieren canalizar energía personal con el fin de manifestar deseos e intenciones. Su naturaleza lúdica y curiosa ayuda al humano a superar sus miedos y a considerar las dificultades como oportunidades de crecimiento. Su presencia instila calidez y dinamismo, haciéndolo el compañero ideal para los que desean vivir la vida con pasión y determinación. Es perfecto para las personas que realizan prácticas relacionadas con la ley de la atracción y la manifestación, puesto que incrementa la capacidad de concentrarse en los objetivos y de obtener resultados concretos.

El gato y la mujer: una alianza legendaria

SIEMPRE EN BUSCA DE ALMAS AFINES, EL GATO SOMALÍ FORTALECE EL CARÁCTER DE SU COMPAÑERO HUMANO. UNA HISTORIA SOMALÍ NARRA EL PROFUNDO VÍNCULO ENTRE EL GATO Y LA MUJER: SEGÚN LA LEYENDA, EL ÚNICO SER CON LA MISMA FUERZA DE CARÁCTER QUE EL GATO. LA LEYENDA CUENTA QUE, CUANDO SE CREÓ EL MUNDO, EL GATO ERA AMIGO DEL ANTÍLOPE. NO OBSTANTE, UN DÍA EL LEÓN DESPEDAZÓ AL ANTÍLOPE. EL GATO CREYÓ QUE EL LEÓN ERA MEJOR QUE EL ANTÍLOPE, PORQUE ERA MÁS FUERTE, ASÍ QUE DECIDIÓ CONVERTIRSE EN AMIGO DEL LEÓN. ESTE, SIN EMBARGO, FUE APLASTADO POR UNA MANADA DE ELEFANTES. CUANDO EL GATO QUISO HACERSE AMIGO DE UN ELEFANTE, VIO COMO UN HOMBRE LO MATABA. ASÍ QUE DECIDIÓ HACERSE AMIGO DEL HOMBRE. PERO, CUANDO EN EL TRANSCURSO DE UNA DISPUTA SU ESPOSA LE PEGÓ, EL GATO DECIDIÓ QUE LA MUJER ERA EL ÚNICO SER MERECEDOR DE SU AMISTAD, PORQUE SU FUERZA ERA SUPERIOR A LA DE CUALQUIER OTRO ANIMAL.

ABISINIO

ORIGEN: Etiopía

CARACTERÍSTICAS DISTINTIVAS: Pelaje corto y matizado,
ojos almendrados, cuerpo esbelto

PERSONALIDAD: Dinámico, curioso, emprendedor

PODERES MÁGICOS: Aporta energía solar y claridad mental

SU PAPEL EN LA MAGIA: Activa la vitalidad, es útil
en los rituales de manifestación

Origen e historia

El gato abisinio pertenece a una de las razas felinas más antiguas.
Estudios recientes sitúan sus orígenes en el sudeste asiático, aunque
el nombre sugiere una conexión con Etiopía (anteriormente llamada
Abisinia). La historia dice que, en épocas antiguas, estos gatos eran
considerados portadores de luz y de fuerza espiritual, capaces de
conducir las almas al reino del más allá. Esta conexión con la luz ha
hecho del gato abisinio un símbolo de fertilidad y renovación.

Características físicas y conductuales

El abisinio es elegante, ágil y esbelto. El pelaje corto suele presentar matices y los ojos almendrados transmiten una viva inteligencia. Es un gato de naturaleza exploradora pero muy afectuoso y leal.

Vínculo mágico: cualidades espirituales y poderes que se le atribuyen

El gato abisinio está relacionado con la energía solar y la fuerza interior. Ayuda a disipar las energías estancadas y a traer claridad en momentos de confusión, igual que el girasol, una flor que simbólicamente es portadora de vitalidad. La presencia de este gato inspira fuerza de voluntad y determinación, algo esencial para quienes practican la magia de renovación y manifestación.

Relación con su dueño

Este gato es un compañero que aporta firmeza y motivación. Es un buen aliado para incentivar la búsqueda de nuevas oportunidades. Su naturaleza curiosa y dinámica estimula el valor y el deseo de dejar fluir las energías del pasado, por lo que ayuda a superar bloqueos emocionales y espirituales.

GATOS ESPIRITUALES

Custodios silenciosos del mundo invisible, los gatos espirituales estimulan la intuición y la percepción.

Con su presencia etérea y su mirada que parece atravesar los velos de la realidad, nos guían hacia la conciencia interior y la conexión con las energías sutiles. Estos gatos son valiosos aliados para las personas que siguen un camino espiritual, meditan, sueñan o desean aprender a interpretar el lenguaje de lo invisible. Hemos asociado dos chakras a cada uno de ellos, que reflejan las características de cada gato y la ayuda que pueden aportar en el descubrimiento del yo más profundo.

DON SPHYNX

ORIGEN: Rusia

CARACTERÍSTICAS DISTINTIVAS: Sin pelo, piel elástica y rugosa, orejas grandes

PERSONALIDAD: Intuitivo, afectuoso, enigmático

PODERES MÁGICOS: Elimina los velos del inconsciente, fomenta la regeneración interior

SU PAPEL EN LA MAGIA: Sanador profundo, conectado con los rituales lunares

---

Origen e historia

El don sphynx, también llamado gato donskoy, es una raza rusa que apareció de forma espontánea en 1987 en Rostov del Don. A diferencia del sphynx canadiense, el don sphynx tiene su propia mutación genética, responsable de su falta de pelo. Se le considera un gato enigmático y fascinante, así como un símbolo de la resiliencia y el cambio. Tiende a ser asociado con el ocultismo por su aspecto misterioso y su mirada penetrante, casi humana.

Características físicas y conductuales

El don sphynx tiene una piel desnuda y cálida y un cuerpo esbelto.
Las orejas son anchas y los ojos rasgados. La cola es gruesa en la base
pero se afina hacia la punta. Es un gato afectuoso y dócil, sensible a
los cambios emocionales y muy curioso.

Vínculo mágico: cualidades espirituales y poderes que se le atribuyen

Este gato se relaciona con la liberación de energías bloqueadas y
la regeneración psíquica, rasgos asociados de forma periférica con
el séptimo chakra. Su presencia ayuda a soltar lo ya superado, a
transformar las heridas conscientemente. Es un buen aliado durante
los periodos de profunda transformación personal y espiritual.

Relación con su dueño

Es un compañero ideal para quien trabaja con la magia de las sombras,
los sueños y los ciclos lunares. Su energía acompaña en el viaje por
los rincones escondidos del alma, ofreciendo su guía silenciosa pero
constante hacia el renacimiento. Su fuerza interior encarna el poder
personal y la determinación expresados en el tercer chakra.

AZUL RUSO

ORIGEN: Rusia

CARACTERÍSTICAS DISTINTIVAS: Pelaje corto de color gris azulado con reflejos plateados, ojos verde esmeralda, constitución elegante y musculosa

PERSONALIDAD: Tranquilo, adaptable, discreto

PODERES MÁGICOS: Portador de serenidad, fomenta la intuición y la sensibilidad psíquica

SU PAPEL EN LA MAGIA: Guía meditativa, facilita la percepción extrasensorial

---

Origen e historia

Los orígenes de la raza azul ruso están rodeados de misterio. Se cree que procede de la ciudad portuaria de Arcángel, en el noroeste de Rusia, donde se lo conocía como «gato de Arcángel». La raza fue introducida en Europa durante el siglo XIX, y pronto adquirió popularidad por su belleza y por su carácter distintivo. Se dice que estos gatos eran apreciados en las cortes del zar de Rusia y de los soberanos europeos.

Características físicas y conductuales

El gato azul ruso es de tamaño medio, con un cuerpo elegante y musculoso. Tiene el pelaje gris azulado con reflejos plateados, y sus ojos, de un verde intenso, dan a su mirada una expresión intensa y penetrante. Tiende a encariñarse mucho con una persona, pero nunca reclama atención. Se siente naturalmente atraído hacia un compañero humano de carácter plácido, como el del mismo felino.

Vínculo mágico: cualidades espirituales y poderes que se le atribuyen

Este gato es considerado portador de serenidad para el humano que elige. Se cree que su presencia amplía la intuición y la sensibilidad psíquica, fomentando la percepción del potencial más allá de la forma. Su aura serena, asociada con el primer chakra, transmite sensación de seguridad y lo convierte en el compañero ideal durante el proceso de introspección.

Relación con su dueño

Para cualquiera que practique las artes mágicas, el gato azul ruso sirve como guía meditativa , ya que estimula la percepción de pensamientos y sensaciones. Su naturaleza empática le permite sintonizar con las emociones del dueño, ofreciendo estabilidad emocional durante los viajes espirituales. Además, representa un soporte silencioso durante los procesos mágicos que requieren un considerable gasto de energía, puesto que favorece un entorno de paz y concentración y estimula la conciencia asociada con el sexto chakra.

PARA SABER UN POCO MÁS

Un gato en la corte de los zares

YA A MEDIADOS DEL SIGLO XIX, EL GATO AZUL RUSO ENCONTRÓ SU PUESTO EN LA CORTE. DE HECHO, POR SU COLOR PARTICULAR Y SU PORTE ELEGANTE ERA EL PREFERIDO DE LA NOBLEZA, TANTO DE LOS GRANDES DUQUES COMO DEL MISMO ZAR. UNA LEYENDA DICE QUE, AL SER CONSIDERADOS UN SÍMBOLO DE FELICIDAD, EN LA CORTE SE INSTALABAN ESTOS GATOS EN EL DORMITORIO INFANTIL PARA PROTEGER A LOS NIÑOS CONTRA LOS MALOS ESPÍRITUS QUE PODÍAN INFESTAR LAS PAREDES. UN SOBERANO RUSO MUY CONOCIDO POR SU AMOR INCONDICIONAL HACIA ESTA RAZA FELINA FUE EL ZAR PEDRO I. JUNTO CON SU HIJA ISABEL, EMPEZÓ A CRIARLOS Y PERMITIÓ QUE SE PASEARAN SIN SER MOLESTADOS POR SUS ESTANCIAS PARTICULARES. PARA LA ZARINA CATALINA II, EL GATO AZUL RUSO ERA EL OBSEQUIO IDEAL PARA LOS EMBAJADORES EXTRANJEROS. UNO DE ELLOS INCLUSO LLEGÓ HASTA LA REINA VICTORIA DE INGLATERRA, DONDE PASÓ A FORMAR PARTE DE SU EXTENSA COLECCIÓN DE GATOS.

SPHYNX

ORIGEN: Canadá

CARACTERÍSTICAS DISTINTIVAS: Sin pelo, piel cálida,
ojos grandes e hipnóticos

PERSONALIDAD: Afectuoso, sensible, curioso

PODERES MÁGICOS: Revela la verdad, aumenta
la percepción interna

SU PAPEL EN LA MAGIA: Guía espiritual, ideal para
la introspección y los rituales sobre la verdad

Origen e historia

Esta raza, también conocida como esfinge o egipcio, es reciente, ya
que surgió en Nuevo México en el siglo XIX por una mutación genética
espontánea que dio origen a su falta de pelo. Los intentos por una cría
selectiva se iniciaron en Canadá en la década de 1970. Su desnudez
se suele considerar un símbolo de la verdad, la vulnerabilidad y la
profunda conexión con lo que está más allá del mundo material.

Características físicas y conductuales

El sphynx tiene un cuerpo esbelto y musculoso, orejas grandes y ojos magnéticos. Pese a su aspecto extraño, es extremadamente afectuoso, curioso y vivaz. Le encanta el contacto físico y suele acurrucarse junto a la persona para estar calentito. A diferencia de muchas otras especies felinas, no se muestra receloso con otros animales domésticos.

Vínculo mágico: cualidades espirituales y poderes que se le atribuyen

Asociado con la revelación del yo auténtico, es ideal para momentos de transformación espiritual, ya que ofrece apoyo y una presencia total. Su desnudez y su necesidad de contacto físico resuenan con la comprensión intuitiva de quienes somos, asociada al tercer chakra.

Relación con su dueño

El sphynx es un guía sutil y sensible, capaz de acompañar a la persona durante sus viajes interiores y las prácticas espirituales más íntimas. Este apoyo durante la apertura espiritual se asocia con el séptimo chakra y favorece la conexión con el yo superior. Además, el sphynx es ideal para las prácticas de meditación profunda y percepción psíquica.

DEVON REX

✦

ORIGEN: Reino Unido

CARACTERÍSTICAS DISTINTIVAS: Pelaje corto y ondulado,
orejas muy grandes, rostro triangular

PERSONALIDAD: Afectuoso, juguetón, muy inteligente

PODERES MÁGICOS: Estimula la conexión empática,
aporta ligereza e inspiración

SU PAPEL EN LA MAGIA: Aliado útil en rituales oníricos
y de intuición emocional

✦

Origen e historia

El devon rex nació en 1960 en el condado inglés de Devonshire, en
un caso de mutación espontánea similar al del cornish rex. El primer
espécimen, Kirlee, nació de la unión de una gata doméstica y un gato
callejero, y mostraba características singulares: pelaje ondulado,
morro corto y orejas enormes. Este gato pronto fue reconocido por
su extraordinaria inteligencia y, a menudo, se lo compara con un
duende por su aspecto de cuento de hadas.

Características físicas y conductuales

El devon rex es esbelto pero fuerte y ágil, y le encanta trepar. Su pelaje es fino, ondulado o rizado, aterciopelado al tacto. Sus enormes orejas y sus grandes ojos le dan una expresión de curiosidad permanente. Es un gato muy afectuoso, a menudo llamado «gato velcro» por su tendencia a andar siempre cerca de su compañero humano. No le gusta ser excluido de las actividades familiares.

Vínculo mágico: cualidades espirituales y poderes que se le atribuyen

Este gato trae inspiración y conexión empática. Su ligereza ayuda a liberar la tensión mental y lo convierte en el aliado perfecto para quienes buscan los estados más profundos más allá de la conciencia. Se le considera un mensajero energético: ayuda a percibir las emociones de los demás y estimula las intuiciones que surgen del corazón más que de la mente. Este deseo de conexión emocional resuena con la energía del segundo chakra, asociado con la gestión de las emociones.

Relación con su dueño

El gato devon rex es un compañero que ayuda a su dueño a abrirse a una dimensión emocional profunda y a la intuición empática. Es ideal para rituales relacionados con la comunicación no verbal y la interpretación de sueños. Su presencia juega con las energías más sutiles, influyendo sobre el bienestar espiritual de su compañero humano. Su necesidad de interacción expresa la energía de comunicación auténtica asociada con el quinto chakra. También por ello es un apoyo excelente en momentos de cansancio emocional, ya que canaliza luz y ligereza.

PARA SABER UN POCO MÁS

El duende felino de Devonshire

EL GATO DEVON REX POSEE UNAS CARACTERÍSTICAS FÍSICAS PECULIARES, COMO OJOS GRANDES Y OREJAS ANCHAS, QUE LE DAN UN ASPECTO PARECIDO AL DE UN DUENDE. PERO NO ES SOLO LA APARIENCIA LO QUE ESTE GATO Y EL SER FEÉRICO TIENEN EN COMÚN. SEGÚN LA MITOLOGÍA ANGLOSAJONA, CIERTOS SERES SIMILARES A LOS DUENDES, CONOCIDOS COMO PIXIES, VIVEN EN DEVONSHIRE, UN CONDADO SITUADO AL NORTE DE CORNUALLES. DESCRITOS COMO PEQUEÑOS SERES AMISTOSOS, A LOS PIXIES LES ENCANTA GASTAR BROMAS, COMO HACER QUE LOS VIAJEROS SE EXTRAVÍEN. EN LA POBLACIÓN DE OTTERY ST. MARY, AL ESTE DE DEVON, SE SIGUE ORGANIZANDO EL DÍA DEL PIXIE, EN RECUERDO DEL DÍA EN QUE, DESPUÉS DE HABER LLEVADO A ALGUNOS MONJES AL BORDE DE LA MUERTE CON UNO DE SUS HECHIZOS DE DESVIACIÓN, ESTOS SERES FUERON EXPULSADOS PARA SIEMPRE DE LA CIUDAD.

CORNISH REX

ORIGEN: Reino Unido

CARACTERÍSTICAS DISTINTIVAS: Pelaje muy corto
y rizado, cuerpo esbelto, orejas grandes

PERSONALIDAD: Alegre, curioso, inteligente

PODERES MÁGICOS: Estimula la mente intuitiva,
disuelve los bloqueos mentales

SU PAPEL EN LA MAGIA: Catalizador psíquico,
perfecto para rituales de claridad mental

Origen e historia

El cornish rex nació en 1950 en Cornualles debido a una mutación genética natural en una camada de gatos domésticos. El primer espécimen, Kallibunker, tenía un pelaje corto y ondulado como nunca se había visto antes. Esta peculiaridad llamó la atención de inmediato y la raza fue seleccionada por su singularidad física.

Características físicas y conductuales

El cornish rex posee un cuerpo alargado, esbelto y musculoso, recubierto por un pelaje muy corto y ondulado. Las orejas son muy grandes comparadas con la cabeza, y sus expresivos ojos revelan una inteligencia activa. Es una raza que ha conservado la naturaleza original de un gato de granja: curiosidad y necesidad de estímulo constante.

Vínculo mágico: cualidades espirituales y poderes que se le atribuyen

Su energía es sutil pero intensa: estimula la percepción interior y elimina bloqueos mentales que impiden el flujo de pensamientos. Su vivacidad y su curiosidad reflejan la espontaneidad asociada al tercer chakra.

Relación con su dueño

Este gato ayuda a su humano a abrir la mente y a sintonizar con sus pensamientos e intuiciones más profundos. Durante la meditación es ideal para recibir inspiración de niveles superiores, y es un útil aliado para los practicantes de la adivinación. Ayuda a su compañero humano a liberarse de lo superfluo y a acceder a un estado de conciencia clara asociado con el séptimo chakra, el de la conciencia y el éxtasis.

SIAMÉS

ORIGEN: Tailandia

CARACTERÍSTICAS DISTINTIVAS: Ojos de un azul intenso,
extremos oscuros en un pelaje claro

PERSONALIDAD: Comunicativo, leal, afectuoso

PODERES MÁGICOS: Incrementa la intuición,
favorece la conexión espiritual

SU PAPEL EN LA MAGIA: Fortalece la escucha interior, protege
durante la introspección y ayuda en los rituales de adivinación

---

Origen e historia

Nativo de Tailandia —históricamente conocida como Siam—, el gato
siamés era venerado en los templos como animal sagrado. Reservado
para los miembros de la familia real, era considerado un guardián
espiritual y un símbolo de protección. De hecho, se creía que era el
siamés el que daba la bienvenida a las almas cuando estas alcanzaban
el más allá. Estas leyendas consolidaron su condición de puente entre
el mundo terrenal y el espiritual.

Características físicas y conductuales

El elegante, esbelto y musculoso cuerpo del gato siamés transmite gracia y fuerza. Tiene un pelaje corto y sedoso, y unos ojos azules, profundos e hipnóticos, que llaman la atención. Es conocido por su naturaleza comunicativa y se lo suele describir como charlatán: habla con su compañero humano mediante sonidos que transmiten emoción. Su necesidad de atención, acompañada por una gran capacidad de escucha, lo hace un compañero único, capaz de formar lazos profundos.

Vínculo mágico: cualidades espirituales y poderes que se le atribuyen

El siamés es un amplificador natural de la intuición y la percepción sutil, características que lo relacionan con el sexto chakra, asociado con el conocimiento espiritual. Su sensibilidad energética le permite percibir cambios sutiles en el entorno y notar presencias no perceptibles a los ojos y oídos humanos. Por ello se le considera un gato ideal para la meditación y la adivinación. Su mirada parece atravesar el velo entre los mundos y ofrece protección durante los procesos de introspección.

Relación con su dueño

Al lado de su compañero humano, el siamés refuerza la conexión con las presencias sobrenaturales, mejorando la escucha interior. No solo es un custodio, sino también un guía valioso, capaz de aumentar la seguridad emocional y la sensación de pertenencia. Su expresión vocal refleja la energía del quinto chakra, asociado con la comunicación, y favorece la libre circulación de ideas y opiniones.

El siamés y lo sobrenatural: el gato de los místicos

EN LA LITERATURA Y LA CULTURA POPULAR, EL SIAMÉS SE SUELE DESCRIBIR COMO UN GATO CONECTADO CON LO SOBRENATURAL. EN LA FAMOSA SERIE DE NOVELAS «EL GATO QUE...», DE LILIAN JACKSON BRAUN, LOS GATOS SIAMESES KOKO Y YUM YUM AYUDAN AL PERIODISTA JIM QWILLERAN A RESOLVER MISTERIOS GRACIAS A SU PERCEPCIÓN CASI SOBRENATURAL. KOKO, EN PARTICULAR, PARECE POSEER UN INSTINTO INFALIBLE PARA DESCUBRIR PISTAS ESCONDIDAS, COMO SI PUDIERA VER MÁS ALLÁ DE LA REALIDAD VISIBLE. ESTA PRESUNTA CONEXIÓN ENTRE EL GATO SIAMÉS Y LO OCULTO SE VE REFORZADA POR SU ELEGANCIA HIPNÓTICA Y SU INTELIGENCIA EXTRAORDINARIA. DESDE SIEMPRE CONSIDERADO UN PUENTE ENTRE EL MUNDO FÍSICO Y EL ESPIRITUAL, EL SIAMÉS ES PERFECTO PARA LA PERSONA QUE BUSCA UN GUÍA INTUITIVO.

ORIENTAL
(DE PELO CORTO Y LARGO)

ORIGEN: Estados Unidos

CARACTERÍSTICAS DISTINTIVAS: Cuerpo alargado, ojos claros, gran variedad de colores y pelajes

PERSONALIDAD: Expresivo, sensible, intenso

PODERES MÁGICOS: Canaliza la energía del corazón, amplifica la comunicación no verbal

SU PAPEL EN LA MAGIA: Puente entre emoción y pensamiento, útil en rituales de concienciación emocional

---

Origen e historia

Los orígenes genéticos del gato oriental se encuentran en Tailandia, pero la raza fue desarrollada en Estados Unidos en la década de 1970 como una extensión genética del siamés. Existen dos variantes: una de pelo corto y otra de pelo largo y sedoso. El gato oriental es apreciado por su espíritu refinado y por su capacidad de «hablar» con la mirada y el cuerpo, hasta tal punto que se le considera un gato de comunicación sutil y profunda.

Características físicas y conductuales

Tiene un cuerpo elegante, esbelto y musculoso, orejas grandes y ojos almendrados. Es una de las razas más comunicativas: utiliza el cuerpo y la mirada para expresar pensamientos y emociones. También es un felino muy glotón, con tendencia a engordarse.

Vínculo mágico: cualidades espirituales y poderes que se le atribuyen

El gato oriental es un canal abierto entre el corazón y la mente. Estimula la expresión auténtica de nosotros mismos, un rasgo asociado al quinto chakra, el de la comunicación. Su energía ayuda a encontrar las palabras adecuadas para comunicar verdades profundas.

Relación con su dueño

La presencia de este gato ayuda a interpretar con lucidez lo que sucede en nuestro interior: su aguda percepción estimula la intuición, la del sexto chakra, cuyo equilibrio favorece una mente serena. Es perfecto para rituales que requieren un equilibrio entre pensamiento y emoción, ya que facilita la escucha profunda. Sabe como «hablar sin palabras», así que es perfecto para las prácticas de concienciación.

SINGAPURA

ORIGEN: Singapur
(raza oficialmente reconocida en Estados Unidos)

CARACTERÍSTICAS DISTINTIVAS: Tamaño pequeño,
pelaje corto de tono sepia, ojos grandes y luminosos

PERSONALIDAD: Dulce, atento, activo

PODERES MÁGICOS: Potencia la conexión con el niño
interior, estimula la delicadeza y la alegría

SU PAPEL EN LA MAGIA: Despierta la magia cotidiana,
ideal para rituales de gratitud

Origen e historia

El gato singapura pertenece a una de las razas de tamaño más pequeño del mundo. Se cree que desciende de los gatos callejeros de Singapur, importados y reconocidos en Estados Unidos en la década de 1970. Por su aspecto delicado, su carácter enérgico y sobre todo su pequeño tamaño recibe una serie de apodos más o menos relacionados con sus características, como «gato de alcantarilla» o «gato del amor».

Características físicas y conductuales

El gato singapura posee un cuerpo pequeño pero musculoso, un pelaje de un tonalidad sepia claro (atigrado punteado), grandes orejas, grandes ojos ovalados (verdes, dorados o cobrizos) y una expresión viva y dulce. Al principio es tímido con los extraños, pero una vez se acostumbra es curioso, juguetón y muy afectuoso. A pesar de su pequeño tamaño, tiene mucha energía y le encanta interactuar con el entorno y las personas. Está muy ligado a su compañero humano y necesita estar en contacto con otros gatos.

Vínculo mágico: cualidades espirituales y poderes que se le atribuyen

Este gato se asocia con la magia de la simplicidad y la conciencia. Aporta ligereza y sana a nuestro niño anterior, esa parte de nosotros que conserva el sentido de la maravilla y la espontaneidad. Ayuda a prestar atención al momento presente y a la belleza oculta de la cotidianidad. Su capacidad de crear lazos profundos resuena con la energía del amor y de la compasión propias del cuarto chakra.

Relación con su dueño

El singapura es un aliado dulce y alegre. Ayuda a reencontrar el placer en las cosas pequeñas y a conectarse con la parte más auténtica y vulnerable de uno mismo. Es perfecto para los rituales simples pero profundos, centrados en la alegría, la gratitud y la protección emocional. Su energía tranquilizadora y la conexión con el entorno ofrecen estabilidad y seguridad, dos rasgos que estimulan el equilibrio del primer chakra.

Luchando por la supervivencia en las calles de Singapur

SEGÚN ALGUNAS PERSONAS, EL GATO SINGAPURA TIENE SU ORIGEN EN LAS CALLES Y LOS CONDUCTOS DEL ALCANTARILLADO DE SINGAPUR. ERA CONSIDERADO UN GATO CALLEJERO MOLESTO, POR LO QUE LAS AUTORIDADES LOCALES LO PERSEGUÍAN POR TODA LA CIUDAD. LA ÚNICA OPCIÓN QUE TENÍAN ESTOS ANIMALES ERA ESCABULLIRSE POR LOS CONDUCTOS DE AGUAS RESIDUALES, CUYO ACCESO ERA DEMASIADO ESTRECHO PARA LOS HUMANOS. DE AHÍ PROCEDE SU TRISTE APODO DE «GATO DE ALCANTARILLA», AUNQUE DESAPARECIÓ DE LAS CALLES UNA VEZ QUE LOS AMANTES DE LOS GATOS SE INTERESARON POR LA RAZA A PARTIR DE LA DÉCADA DE 1970. SE TRATA DE UNA PRECIOSA EVOLUCIÓN PARA ESTE PEQUEÑO GATO DE MIRADA TAN AFECTUOSA.

TONQUINÉS

ORIGEN: Canadá, Estados Unidos

CARACTERÍSTICAS DISTINTIVAS: Pelaje corto y sedoso,
ojos de color aguamarina, cuerpo bien proporcionado

PERSONALIDAD: Alegre, afectuoso, sociable

PODERES MÁGICOS: Favorece el equilibrio entre luz
y sombra, armoniza emociones contrarias

SU PAPEL EN LA MAGIA: Mediador energético, ideal
para ritos de paso y rituales de reconciliación interior

Origen e historia

El tonquinés nació de la unión del siamés y el burmés, combinando
lo mejor de ambas razas. Aunque ya se realizaban experimentos de
cruce desde la década de 1930, la raza fue desarrollada y formalmente
reconocida en Norteamérica entre las décadas de 1960 y 1970. El
gato tonquinés es conocido por su aspecto armonioso, su naturaleza
alegre y su gran energía física.

Características físicas y conductuales

El tonquinés tiene un cuerpo elegante pero compacto, musculoso, proporcionado y con un pelaje corto y sedoso. Los ojos, de color aguamarina o verde azulado, poseen una profundidad hipnótica. Muy sociable y parlanchín, es conocido por su inteligencia emocional.

Vínculo mágico: cualidades espirituales y poderes que se le atribuyen

Este gato es un mediador entre los elementos discordantes de nuestro entorno o nuestro interior. Trae armonía allí donde existen tensiones, una característica que refleja el equilibrio emocional gobernado por el cuarto chakra. Su energía favorece la integración de las partes interiores en conflicto, fomentando una visión unificada del alma.

Relación con su dueño

Este gato enseña el arte de la coexistencia entre opuestos, un rasgo asociado al segundo chakra. Ayuda en rituales de reconciliación personal y de relaciones, sustentando procesos de transformación que empiezan con la aceptación. Es ideal para quienes buscan el equilibrio energético, sanar relaciones o resolver conflictos interiores.

BALINÉS

ORIGEN: Estados Unidos

CARACTERÍSTICAS DISTINTIVAS: Pelaje medio-largo
y sedoso, ojos azules, constitución elegante

PERSONALIDAD: Activo, locuaz, afectuoso

PODERES MÁGICOS: Incrementa la percepción intuitiva,
estimula la claridad emocional

SU PAPEL EN LA MAGIA: Canal energético, útil para
prácticas de conexión con lo divino

Origen e historia

El gato balinés nació en Estados Unidos en la década de 1950, como
una variante de pelo largo del siamés. A pesar de su nombre exótico,
no tiene nada que ver con Bali. El nombre fue elegido para evocar la
fluida elegancia de los bailarines y bailarinas balineses, en referencia
al agraciado porte de este gato. Asimismo, gracias a su aspecto etéreo
y a su naturaleza comunicativa, a menudo se le considera un canal
energético felino.

Características físicas y conductuales

El gato balinés posee un cuerpo esbelto y musculoso, muy similar al siamés, pero con un pelaje sedoso un poco más largo que oscila suavemente al moverse. Sus luminosos ojos azules reflejan una inteligencia extraordinaria. Es un gato extremadamente locuaz y activo: necesita estimulación constante y prefiere los juegos de inteligencia. Le encanta la interacción constante y tiende a ser dominante cuando está con otros animales domésticos.

Vínculo mágico: cualidades espirituales y poderes que se le atribuyen

El balinés está considerado un amplificador de la intuición y de los fuertes lazos relacionados con los sentimientos de amor y compasión asociados al cuarto chakra. Su presencia favorece la claridad de sentimientos y la percepción de las dinámicas interiores. Por este motivo, resulta útil en momentos de introspección, en los caminos hacia la sanación emocional y durante fases de apertura espiritual: es un reflejo viviente del alma.

Relación con su dueño

Para una bruja, el gato balinés es el compañero perfecto para los rituales de conexión profunda —tanto con el mundo invisible como con el yo interior—, los cuales reflejan la energía espiritual del séptimo chakra. Es ideal para quienes trabajan con prácticas de visualización y canalización de la energía universal, porque ayuda a tomar conciencia.

PARA SABER UN POCO MÁS

Bailarines balineses y el poder sagrado del movimiento

AUNQUE ESTA RAZA NO TIENE RELACIÓN DIRECTA CON BALI, SE ELIGIÓ EL NOMBRE DE «BALINÉS» EN HONOR DE LOS BAILARINES DE ESTE TIPO DE DANZA, YA QUE SE MUEVEN CON UNA LIGEREZA Y UNA GRACIA CASI DIVINAS. LA DANZA BARONG ES UNO DE LOS ESPECTÁCULOS TRADICIONALES MÁS INCREÍBLES DE BALI: CON SU COREOGRAFÍA Y SUS TRAJES, FASCINA E INVOLUCRA AL PÚBLICO. EN EL ESCENARIO SE REPRESENTA LA ETERNA LUCHA ENTRE EL BIEN Y EL MAL, INSPIRADA EN UN EPISODIO DEL MAHABHARATA, UNA DE LAS GRANDES EPOPEYAS POÉTICAS HINDÚES. EN LA DANZA, EL BIEN ESTÁ REPRESENTADO POR BARONG, UN DIOS ANIMAL DE CUATRO PATAS QUE SIMBOLIZA LA FERTILIDAD, Y EL MAL LO ENCARNA LA HECHICERA RANGDA. AL FINAL DE LA LUCHA, QUE ES UNA FUSIÓN DE DANZA Y ACTUACIÓN TEATRAL, BARONG VENCE A RANGDA, RESTABLECIENDO ASÍ EL EQUILIBRIO ENTRE EL CIELO Y LA TIERRA.

GATOS
PROTECTORES

Con su mirada atenta y su presencia reconfortante, los gatos protectores custodian la energía de la casa y de las personas que viven en ella, aportando estabilidad, calma y consuelo en momentos de vulnerabilidad.

Hemos asignado cristales y piedras mágicas a cada uno de estos gatos, pensando en el modo en que podrían amplificar una vibración protectora concreta, purificar los espacios y armonizar las emociones. Estos guardianes silenciosos de los límites visibles e invisibles son los compañeros ideales para quienes desean contar con una presencia fiable, constante y profunda en su práctica mágica.

RAGDOLL

ORIGEN: Estados Unidos

CARACTERÍSTICAS DISTINTIVAS: Pelaje medio-largo
y sedoso, ojos azules, carácter dulce

PERSONALIDAD: Dulce, relajado, afectuoso

PODERES MÁGICOS: Aporta paz y confianza, absorbe
la tensión emocional y genera armonía

SU PAPEL EN LA MAGIA: Compañero en la sanación, ideal
para rituales de consuelo e integración energética

Origen e historia

El ragdoll fue seleccionado en la década de 1960 en California por
Ann Baker, que cruzaba gatos domésticos de pelo largo para obtener
una raza dócil y afectuosa. El nombre, que significa «muñeca de
trapo», se refiere a la tendencia del gato a relajarse completamente
cuando está en brazos de alguien. Se lo asocia con la energía del
amor incondicional y de la relajación profunda, y es una presencia
de efecto tranquilizador en el hogar.

Características físicas y conductuales

El ragdoll es un gato de cuerpo musculoso y con un pelaje largo y sedoso. Le encanta que le cojan en brazos y acepta con gracia la compañía, sin resultar invasor. Es paciente y se adapta a quien necesita una energía protectora pero tranquilizadora. Si se desea, puede ser adiestrado para buscar y traer objetos.

Vínculo mágico: cualidades espirituales y poderes que se le atribuyen

Es un canalizador de energía y paz interior, ideal para acompañar las prácticas de sanación emocional y restablecimiento energético. Tiene una energía estable y envolvente que alivia tensiones y la ansiedad.

Relación con su dueño

El gato ragdoll es un valioso aliado para las prácticas de compasión y reequilibrio. Si se combina su presencia con la acción de la amatista, es un aliado ideal en épocas de fatiga emocional y un soporte durante las prácticas de relajación, el trabajo ritual con el mundo onírico y los rituales de sanación. Su energía serena protege con suavidad, generando un espacio amable donde el corazón puede descansar.

CARTUJO

ORIGEN: Turquía, Irán

CARACTERÍSTICAS DISTINTIVAS: Pelaje corto gris azulado, ojos cobrizos o dorados, constitución robusta

PERSONALIDAD: Silencioso, leal, reflexivo

PODERES MÁGICOS: Calma mental, protección emocional, aleja las energías invasivas

SU PAPEL EN LA MAGIA: Centinela discreto, ideal para rituales de introspección y estabilidad

---

Origen e historia

El gato cartujo, también llamado chartreux, pertenece a una raza antigua, probablemente introducida en Francia por los cruzados de la Edad Media. La historia cuenta que regalaron estos gatos a los monjes por su naturaleza tranquila y contemplativa, como recompensa por la hospitalidad recibida en sus monasterios. Gracias a su maullido apagado, era considerado un buen compañero durante la meditación silenciosa. Se le asocia con la sabiduría y con la capacidad de ver más allá de las apariencias: es un gato que observa y protege.

Características físicas y conductuales

El gato cartujo posee un cuerpo compacto y un pelaje denso, suave e impermeable de color gris azulado. Sus ojos, redondos y de un tono cobrizo o dorado, tienen una mirada serena pero profunda. Es un gato reservado pero muy afectuoso, que crea lazos sólidos y duraderos. Le encanta la calma y la rutina, se mueve silenciosamente y con gracia, y posee una capacidad de adaptación muy desarrollada.

Vínculo mágico: cualidades espirituales y poderes que se le atribuyen

El cartujo es un poderoso equilibrador emocional. Ayuda a calmar la mente, fortalece los límites energéticos y aleja las energías negativas. Es ideal para quienes desean recuperar la serenidad, así como la protección interior. Su presencia discreta pero autoritaria actúa como una barrera sutil y constante, manteniendo el campo energético despejado y bien anclado. Su poder se intensifica por medio de la obsidiana, que ayuda a formar una barrera contra las energías invasivas y favorece la introspección.

Relación con su dueño

Para una bruja, el gato cartujo es un aliado silencioso y vigilante. Acompaña en las prácticas de meditación, reflexión y protección cotidiana. Es ideal para las personas que trabajan con la mente o con rituales que requieren concentración y purificación interior. No interfiere, sino que observa y protege, como un guardián que actúa en el nivel más sutil.

El gato azul de los monjes

SEGÚN CUENTA LA LEYENDA, FUERON LOS CABALLEROS TEMPLARIOS QUIENES, A SU REGRESO DE LAS CRUZADAS, LLEVARON A FRANCIA LOS PRIMEROS GATOS DE PELAJE GRIS AZULADO, QUE ENCONTRARON REFUGIO EN LOS MONASTERIOS CARTUJOS. SILENCIOSOS, INDEPENDIENTES Y LETALES PARA LOS RATONES, ESTOS FELINOS PRONTO SE CONVIRTIERON EN LOS COMPAÑEROS IDEALES PARA LA VIDA CONTEMPLATIVA. EN MONASTERIOS COMO LA GRAN CARTUJA, LA CASA MADRE DE LA ORDEN DE LOS CARTUJOS, LOS GATOS PODÍAN PASEARSE POR LAS CELDAS DE LOS MONJES LIBREMENTE Y ERAN APRECIADOS POR SU NATURALEZA SERENA Y DISCRETA. EN REALIDAD, EL VÍNCULO CON LA ORDEN ES MÁS LEGENDARIO QUE DOCUMENTADO, PERO EL MISMO NOMBRE DE LA RAZA (*CHARTREUX* EN FRANCÉS, QUE SIGNIFICA CARTUJO) HA CONSERVADO ESTE ECO ESPIRITUAL. A LO LARGO DE LOS SIGLOS, ESTOS GATOS FUERON APRECIADOS TAMBIÉN POR SU DENSO PELAJE, QUE SE VALORABA TANTO QUE SE UTILIZABA EN LA CONFECCIÓN DE CAPAS. EL CARTUJO MODERNO, SELECCIONADO EN LA DÉCADA DE 1930 POR LAS HERMANAS LÉGER, ES DESCENDIENTE DIRECTO DE ESTA ANTIGUA PRESENCIA MONÁSTICA.

EXÓTICO DE PELO CORTO

ORIGEN: Estados Unidos

CARACTERÍSTICAS DISTINTIVAS: Pelaje denso, corto y suave, cara achatada, ojos grandes

PERSONALIDAD: Plácido, afectuoso, contemplativo

PODERES MÁGICOS: Calma el entorno, estabiliza las emociones inestables

SU PAPEL EN LA MAGIA: Custodio pacífico, ideal para rituales de tranquilidad, armonía y presencia

Origen e historia

El gato exótico de pelo corto nació en Estados Unidos en la década de 1960, del cruce entre un persa y un americano de pelo corto. El objetivo de los criadores era mantener el aspecto dulce y la naturaleza tranquila del persa, pero con un pelaje que exigiera menos cuidados. Por eso se le apodó «el persa de los perezosos». Es valorado por su carácter calmado y su afectuosa discreción. Su presencia es tranquilizadora, estable y a menudo se asocia con la protección silenciosa.

Características físicas y conductuales

El gato exótico de pelo corto tiene el cuerpo compacto, patas cortas y ojos grandes y redondos. Su pelaje es tan tupido que parece un abrigo afelpado. De carácter tranquilo, le encanta estar con humanos, pero no impone su presencia. Es el típico gato que transmite serenidad.

Vínculo mágico: cualidades espirituales y poderes que se le atribuyen

Es un gato ideal para las personas que desean tener una presencia tranquilizadora a su lado. En el reino de la magia, es perfecto para mantener un espacio energético protegido, en especial durante meditaciones de recuperación psíquica y emocional. Sus poderes se ven reforzados por la selenita, una piedra que facilita la conexión con las energías superiores.

Relación con su dueño

Este gato es un compañero que no pide nada, pero da mucho. Es ideal para trabajar con energías sutiles y ayuda a permanecer centrado y mantener la estabilidad. Su naturaleza contemplativa lo convierte en el compañero perfecto para momentos de conexión con el yo interior.

SCOTTISH FOLD

ORIGEN: Escocia

CARACTERÍSTICAS DISTINTIVAS: Orejas dobladas
hacia delante, cuerpo redondeado, ojos grandes

PERSONALIDAD: Sereno, sensible, reservado

PODERES MÁGICOS: Armoniza los espacios,
reequilibra las energías familiares

SU PAPEL EN LA MAGIA: Custodio doméstico, perfecto
para rituales de protección del hogar y de la comunidad

Origen e historia

El scottish fold es una raza escocesa nacida en la década de 1960 de una mutación genética natural, que dio origen a sus características orejas dobladas. La primera gata con este rasgo se llamaba Susie, y su aspecto singular pronto cautivó tanto a criadores como a amantes de los gatos. Además de su aspecto dulce y tranquilo, esta raza siempre se ha asociado con la protección de espacios habitados. Se dice que trae equilibrio a la familia y que es especialmente sensible a las tensiones ambientales.

Características físicas y conductuales

El gato scottish fold tiene un cuerpo redondeado, patas cortas, una cara rellenita y grandes ojos redondos que transmiten una expresión tierna y plácida. Su rasgo más característico son las orejas dobladas hacia delante, que le dan un aire tranquilo. Es un gato calmado y reflexivo al que le encanta observar. No es invasivo, pero crea lazos tan profundos con su familia adoptiva que, cuando se siente solo, reacciona con fuertes maullidos.

Vínculo mágico: cualidades espirituales y poderes que se le atribuyen

El scottish fold es capaz de reequilibrar energéticamente entornos compartidos. Trae calma, estabilidad y cohesión, en especial a las relaciones familiares o comunitarias. Es el gato perfecto para armonizar hogares donde existe tensión o donde es necesario recuperar un elemento de calidez y comprensión mutua. Su energía envuelve y «suaviza» las aristas emocionales más agudas, sobre todo si tiene cerca un trozo de ámbar, piedra que refuerza los lazos familiares.

Relación con su dueño

Para una bruja, este gato es un aliado discreto e intuitivo. Favorece los rituales de protección del hogar. Es perfecto para la magia ligada al núcleo familiar, a los cuidados cotidianos, a la construcción de espacios sagrados compartidos. Su sensibilidad lo hace un compañero valioso para trabajar con dinámicas familiares o para custodiar la energía mágica de un espacio personal.

PARA SABER UN POCO MÁS

El scottish fold: la leyenda de Susie

EN 1961, EN UNA TRANQUILA GRANJA ESCOCESA CERCANA A COUPAR ANGUS, NACIÓ SUSIE, UNA GATA BLANCA QUE CAMBIARÍA PARA SIEMPRE LA HISTORIA FELINA. SU RASGO CARACTERÍSTICO ERAN LAS OREJAS DOBLADAS HACIA DELANTE, RESULTADO DE UNA MUTACIÓN ESPONTÁNEA DEL CARTÍLAGO. WILLIAM ROSS, UN PASTOR LOCAL, LO OBSERVÓ Y QUEDÓ ENCANTANDO CON SU ASPECTO DULCE Y DIVERTIDO. SE QUEDÓ CON UNO DE SUS GATITOS, LO LLAMÓ SNOOKS Y, JUNTO CON SU ESPOSA MARY, INICIÓ UN PROGRAMA DE CRÍA. TODOS LOS SCOTTISH FOLDS EXISTENTES DESCIENDEN DE SUSIE. SU HISTORIA NO ES SOLO LA DE UNA ANOMALÍA GENÉTICA QUE SE CONVIRTIÓ EN ALGO BELLO, SINO TAMBIÉN DE ATENCIÓN HACIA ALGO SINGULAR. ACTUALMENTE, ES UNA RAZA QUE DESPIERTA TERNURA Y QUE POSEE UN AURA MÁGICA: ES COMO SI CADA SCOTTISH FOLD FUERA UNA CRIATURA SURGIDA DE UN CUENTO ILUSTRADO.

SELKIRK REX

ORIGEN: Estados Unidos

CARACTERÍSTICAS DISTINTIVAS: Pelaje rizado (pelo corto o largo), cuerpo robusto, cabeza redonda

PERSONALIDAD: Sereno, paciente, tranquilizador

PODERES MÁGICOS: Desprende estabilidad emocional, protege de las influencias desestabilizadoras

SU PAPEL EN LA MAGIA: Custodio amable, perfecto para crear espacios energéticos protegidos

---

Origen e historia

El gato selkirk rex pertenece a una raza joven, surgida en el estado de Montana en 1987 por una mutación espontánea de una camada de gatos callejeros. Fácilmente reconocible por su pelaje rizado, desde el principio fue reconocido como símbolo de dulzura y confort, y hoy día se lo asocia con una energía cálida y tranquilizadora, perfecta para proteger el núcleo emocional del hogar.

Características físicas y conductuales

Tiene el cuerpo firme y estructurado, la cabeza redonda, la mirada dulce y el pelaje suave y rizado. Adora estar con gente y otros gatos, pero necesita un espacio al que retirarse cuando desea estar tranquilo.

Vínculo mágico: cualidades espirituales y poderes que se le atribuyen

Este gato transmite estabilidad y afecto de forma natural. Su energía es envolvente, como un abrazo que protege y tranquiliza. Trabajando con la aventurina verde, una piedra que protege el corazón, atrae positividad y calma el sistema nervioso. Es ideal para prácticas de autoconsuelo y de armonía familiar.

Relación con su dueño

El selkirk rex es un compañero que ofrece un apoyo silencioso y constante. Contribuye a crear un espacio mágico dulce, acogedor y protegido. Es perfecto para rituales relacionados con el núcleo familiar, el autocuidado y la protección emocional. Su suave energía ayuda al humano a no volverse rígido, a soltarse y a sentirse protegido incluso cuando todo su entorno se mueve.

PERSA

ORIGEN: Asia Menor

CARACTERÍSTICAS DISTINTIVAS: Pelaje largo y denso, rostro achatado, ojos grandes y profundos

PERSONALIDAD: Calmado, reservado, dulce

PODERES MÁGICOS: Estabiliza y protege la energía doméstica, absorbe las tensiones ambientales

SU PAPEL EN LA MAGIA: Custodio silencioso, perfecto para rituales de protección y para centrarse

---

Origen e historia

El gato persa es una de las razas más antiguas y fáciles de reconocer. Su nombre alude a sus orígenes, la antigua Persia (actual Irán), pero se desarrolló con la influencia de gatos procedentes de Turquía. Los primeros especímenes fueron llevados a Europa en el siglo XVII por Pietro della Valle, un orientalista. El porte majestuoso del gato persa lo ha convertido, a lo largo de los siglos, en el compañero preferido de soberanos como la reina Victoria de Inglaterra o el emperador Napoleón III de Francia.

Características físicas y conductuales

El gato persa posee un cuerpo compacto y firme, recubierto por un pelaje largo, espeso y sedoso. Su cara achatada y sus grandes ojos le dan una expresión plácida y soñadora. Es un gato que tiende a ser tranquilo, y le encantan la rutina y los lugares seguros. Aunque es afectuoso, no es invasivo: ofrece su presencia con discreción y no le gustan los grandes cambios en el entorno familiar. Es perfecto para quienes desean contar con un compañero dulce y silencioso.

Vínculo mágico: cualidades espirituales y poderes que se le atribuyen

Se le considera capaz de canalizar las energías de protección y calma. El objetivo de su magia es mejorar la energía del entorno absorbiendo las tensiones y creando un espacio sereno. Se le asocia con la protección del hogar, del cuerpo y del espíritu. No interviene de manera enérgica, pero sí profunda, por lo que ofrece un campo energético estable.

Relación con su dueño

El persa es un compañero silencioso, pero presente, que favorece las prácticas lentas, profundas y receptivas. Trabajando junto con el cuarzo ahumado, una piedra que calma el corazón y armoniza el espacio, es perfecto para rituales para centrarse y arraigarse, así como para aumentar la sensación de seguridad. Su presencia relaja, sustenta y envuelve. Este gato protege con discreción, mantiene su propio espacio mágico intacto y custodia con firmeza lo que es frágil.

El gato de las cortes y las crónicas

EN 1620, EL VIAJERO Y ORIENTALISTA PIETRO DELLA VALLE PARTIÓ DE ROMA HACIA ORIENTE MEDIO. ENTRE OTRAS MUCHAS MARAVILLAS, SE TRAJO A EUROPA LOS GATOS DE PELO LARGO PROVENIENTES DE LA ANTIGUA PERSIA. ESOS FELINOS EXÓTICOS, ELEGANTES Y DE PORTE REAL, FUERON LOS ANTEPASADOS DEL ACTUAL GATO PERSA. EN EL SIGLO XIX ESTA RAZA SE DIFUNDIÓ POR LAS CORTES EUROPEAS Y SE CONVIRTIÓ EN UN SÍMBOLO ARISTOCRÁTICO. LA REINA VICTORIA TENÍA VARIOS PERSAS, Y SU PREFERIDO SE LLAMABA WHITE HEATHER (BREZO BLANCO). EL GATO PERSA PARTICIPÓ EN LA PRIMERA EXPOSICIÓN FELINA DEL CRYSTAL PALACE EN 1871, ESTABLECIENDO SU POSICIÓN ENTRE LOS «GATOS DE SALÓN». APRECIADO POR SU CARÁCTER TRANQUILO Y SU ASPECTO REFINADO, EL PERSA SE CONVIRTIÓ EN LA ESTRELLA DE PINTURAS, FOTOGRAFÍAS Y RELATOS. SU HISTORIA ATRAVIESA ERAS Y SALONES, SIEMPRE LIGADA A LA IDEA DE UNA BELLEZA QUE DEBE SER CONTEMPLADA Y MIMADA.

BOMBAY

ORIGEN: Estados Unidos

CARACTERÍSTICAS DISTINTIVAS: Pelaje corto de color negro brillante, ojos cobrizos o dorados, aspecto de pantera

PERSONALIDAD: Seguro, vigilante, afectuoso

PODERES MÁGICOS: Absorbe las energías negativas, crea un escudo protector

SU PAPEL EN LA MAGIA: Defensor silencioso, ideal para rituales de protección personal y ambiental

---

Origen e historia

Los orígenes del gato bombay se remontan a la década de 1950, cuando en Estados Unidos se cruzó un gato negro americano de pelo corto con un burmés para conseguir un gato doméstico similar a una pantera negra en miniatura. Elegante pero poderoso, a menudo se le asocia con la protección en el reino de la magia. Su oscuro pelaje es símbolo de absorción energética y reflexión espiritual.

Características físicas y conductuales

El bombay posee un cuerpo compacto y musculoso, un pelaje corto y brillante, y unos ojos cobrizos o dorados de mirada intensa. Es un gato afectuoso, curioso y consciente de lo que ocurre a su alrededor.

Vínculo mágico: cualidades espirituales y poderes que se le atribuyen

Este gato actúa como un escudo energético natural. Puede absorber y neutralizar tensiones y pensamientos invasivos. Trabajando con una turmalina negra, una piedra psíquica de gran poder que rechaza la negatividad, es perfecto para rituales de protección, para alejarse de las energías tóxicas o para aquellos que necesitan un espacio interior seguro para explorar las emociones intensas.

Relación con su dueño

El bombay es un aliado potente en rituales de defensa psíquica y prácticas realizadas en solitario. Ayuda a su compañero humano a mantenerse centrado y a reconocer lo que es nocivo antes de que arraigue. Su presencia es discreta pero potente: es una pequeña pantera doméstica que protege y guía en silencio.

BRITÁNICO DE PELO CORTO

ORIGEN: Gran Bretaña

CARACTERÍSTICAS DISTINTIVAS: Cuerpo robusto con pelaje corto y tupido, ojos grandes y redondos

PERSONALIDAD: Reservado, equilibrado, fiable

PODERES MÁGICOS: Estabiliza el campo energético, refuerza la protección personal

SU PAPEL EN LA MAGIA: Guardián sólido, ideal para rituales de arraigo y de consolidación energética

---

Origen e historia

El gato británico de pelo corto, o british shorthair, pertenece a una de las razas más antiguas de Europa; desciende de los gatos que los romanos llevaron a Gran Bretaña. Conocido desde hace siglos como el gato inglés por excelencia, se lo apreciaba por el color especial de su pelaje y por su parecido con el gato de Cheshire de *Alicia en el País de las Maravillas*. Se le suele asociar con la estabilidad, la sensación de protección y la capacidad de permanecer sereno incluso en los momentos más turbulentos.

Características físicas y conductuales

El gato británico de pelo corto tiene el cuerpo robusto y bien proporcionado, las patas fuertes, la cara redondo y el pelaje aterciopelado. Sus ojos redondos, a menudo cobrizos o dorados, expresan una dulzura serena. No es un gato invasor, y es muy independiente pero extremadamente leal. No le gustan los cambios inesperados, pero es un compañero fiel y tranquilo, ideal para quien desee contar con una presencia felina constante.

Vínculo mágico: cualidades espirituales y poderes que se le atribuyen

Este gato ayuda a su compañero humano a permanecer centrado cuando se siente disperso, sobrecargado o vulnerable. No trabaja con la intuición ni la emoción, sino en el ámbito material: consolida, refuerza y protege. Su poder se intensifica si va acompañado por una hematites, la piedra de la estabilidad energética.

Relación con su dueño

Para una bruja, el gato británico de pelo corto es el compañero perfecto para los rituales de anclaje, de estabilidad económica y de establecimiento de intenciones duraderas. Su energía es ideal para quienes necesitan fiabilidad. No pide nada, pero siempre está allí, como un verdadero guardián.

PARA SABER UN POCO MÁS

Gato británico de pelo corto: entre Roma y el País de las Maravillas

EL BRITÁNICO DE PELO CORTO, LLEVADO A BRITANIA POR LOS ROMANOS EN EL SIGLO I D. C., DESCIENDE DE LOS GATOS QUE PROTEGÍAN LOS GRANEROS DE LOS CAMPAMENTOS DE LOS LEGIONARIOS. CON EL TIEMPO, SE CRUZÓ CON LA POBLACIÓN FELINA LOCAL, DANDO ORIGEN A UNA RAZA ROBUSTA, COMPACTA Y RESISTENTE. HACIA EL SIGLO XIX, YA SE LO RECONOCIÓ COMO «GATO BRITÁNICO» AL PARTICIPAR EN LA PRIMERA EXPOSICIÓN FELINA CELEBRADA EN LONDRES. PERO SU FAMA SE ACRECENTÓ CUANDO LEWIS CARROLL SE INSPIRÓ EN ÉL PARA CREAR EL PERSONAJE DEL GATO DE CHESHIRE DE *ALICIA EN EL PAÍS DE LAS MARAVILLAS*, ESE FELINO DE SONRISA AMPLIA, MISTERIOSA Y FILOSÓFICA. SU CAPACIDAD DE DESAPARECER Y DEJAR SOLO LA BOCA SUSPENDIDA EN EL AIRE, EXPRESA PERFECTAMENTE SU CARÁCTER, ES DECIR, ESTÁ PRESENTE PERO NUNCA SE MUESTRA INVASIVO, ES UNA FIGURA ENIGMÁTICA QUE ENCARNA LA PARADOJA FELINA: SER Y NO SER, APARECER Y DESAPARECER.

HIMALAYO

ORIGEN: Estados Unidos

CARACTERÍSTICAS DISTINTIVAS: Pelaje largo del color
de los siameses, ojos azules, constitución robusta

PERSONALIDAD: Afectuoso, quieto, contemplativo

PODERES MÁGICOS: Calma la tensión mental, armoniza
las energías de lugares sagrados

SU PAPEL EN LA MAGIA: Gato ritual, perfecto para trabajos
de meditación, belleza y lo sagrado

Origen e historia

El gato himalayo nace del cruce entre el persa y el siamés, con el
objetivo de reunir la elegancia del color de los siameses, conocido
como color point, con la majestuosidad y la dulzura de los persas.
Seleccionada a inicios del siglo XX, esta raza está considerada una de
las más refinadas y estéticamente armoniosas. Por su combinación
de rasgos orientales y occidentales, suele asociarse con el equilibrio
entre lo bello y lo sagrado, y con la capacidad de infundir calma en
los lugares rituales.

Características físicas y conductuales

El cuerpo del gato himalayo es robusto, con patas cortas, pelaje largo y suave, una cara dulce y achatada y ojos de un azul intenso. El carácter es una mezcla de ambas razas: tiene la vivacidad y la curiosidad del siamés, y la gentileza y la adaptabilidad del persa.

Vínculo mágico: cualidades espirituales y poderes que se le atribuyen

Este gato transmite una energía contemplativa ideal para centrarse en el corazón y la belleza. Se considera un canalizador espiritual, cuyos poderes se amplifican con la labradorita, la piedra que protege durante el trabajo interior. Perfecto para estudios y sitios destinados a la meditación, es un compañero silencioso durante los viajes interiores.

Relación con su dueño

El himalayo es el compañero ideal para los rituales de armonía y las prácticas meditativas. Aporta profundidad y ligereza, estabilidad sin rigidez. Es un gato que acompaña sin que se lo pidan, que refuerza la conexión con la serenidad y lo sagrado. En momentos de meditación, es la presencia que protege el espacio interior.

GATOS
de
TRANSFORMACIÓN

Algunos gatos parecen traspasar los límites, moviéndose entre quienes fuimos y en quienes nos estamos convirtiendo.

Los gatos de transformación nos acompañan en momentos de transición, cuando el cambio no es una elección, sino una necesidad. Aportan la energía de la renovación, el riesgo, la metamorfosis. Hemos asignado dos signos zodiacales a cada uno de ellos, que reflejan el tipo de apoyo espiritual que cada raza ofrece en sus facetas más diversas. Son espíritus guía para los que están pasando por algún cambio, para quienes han decidido ir más allá de sus propios límites o simplemente para las personas que están dispuestas a darle la bienvenida a algo nuevo.

SAVANNAH

ORIGEN: Estados Unidos

CARACTERÍSTICAS DISTINTIVAS: Aspecto salvaje,
orejas grandes, patas largas

PERSONALIDAD: Independiente, inteligente, dinámico

PODERES MÁGICOS: Expande la sensación de libertad,
acelera el cambio evolutivo

SU PAPEL EN LA MAGIA: Guía para transformaciones
y viajes espirituales

Origen e historia

El gato savannah nació del cruce entre un siamés y un serval africano. Las primeras selecciones se remontan a la década de 1980. El aspecto selvático y el porte orgulloso lo convierten en un símbolo de la conexión con los instintos primordiales, así como con el deseo de explorar y de traspasar los límites. Este gato representa el valor para expandirse y reinventarse.

Características físicas y conductuales

Cuerpo atlético, osamenta robusta, pelaje manchado, orejas altas:
el gato savannah es la elegancia salvaje concentrada. Le gusta saltar,
jugar, descubrir. Es muy inteligente y suele aprender a buscar y traer
pequeños objetos o a abrir puertas. Quiere libertad, pero ofrece un
afecto profundo e intenso a quienes saben respetar sus ritmos.

Vínculo mágico: cualidades espirituales y poderes que se le atribuyen

El savannah personifica la energía de Sagitario: es aventurero,
visionario, siempre en busca de nuevos descubrimientos interiores.
Es ideal para quienes se enfrentan a transformaciones que requieren
apertura y ganas de emprender el camino, tanto interior como
exterior. Estimula la reconexión con la capacidad de explorar.

Relación con su dueño

Para una bruja, es un guía potente. Invita a salir de la zona de confort y
a reclamar la independencia mágica. Como Leo, incita a reconocer la
actividad personal y a actuar con orgullo. Es un compañero que ayuda
en los rituales para plasmar la realidad y hacer realidad los sueños.

BENGALÍ

ORIGEN: Estados Unidos

CARACTERÍSTICAS DISTINTIVAS: Pelaje parecido al del leopardo, constitución robusta, andares selváticos

PERSONALIDAD: Dominante, valiente, activo

PODERES MÁGICOS: Despierta la fuerza interior, estimula la valentía

SU PAPEL EN LA MAGIA: Perfecto para rituales de liberación, renovación y renacimiento

---

Origen e historia

El gato bengalí surgió de un cruce entre un gato doméstico y un gato leopardo asiático, con el objetivo de crear una raza que reuniera un aspecto salvaje con un carácter afectuoso. La cría selectiva se inició en la década de 1960, pero no fue hasta la de 1980 cuando la raza se estabilizó. Su exótica belleza y su orgullosa personalidad lo han convertido en un símbolo de fuerza, audacia e independencia.

Características físicas y conductuales

Musculoso, ágil y con un pelaje manchado que evoca la selva, el bengalí es un gato enérgico y vital. Le encanta explorar, saltar y trepar. Es curioso, juguetón e increíblemente inteligente. Necesita estímulos e interacción constante, pero también puede ser afectuoso y leal. Es el compañero perfecto para los amantes de los desafíos y las personas que viven el cambio como una aventura.

Vínculo mágico: cualidades espirituales y poderes que se le atribuyen

El gato bengalí activa el fuego interior. Se lo asocia con los signos de Aries y Escorpio, dos poderosos arquetipos de transformación del zodiaco: el primero por su explosiva energía, y el segundo por su capacidad de recuperarse de las situaciones difíciles. Este gato ayuda al humano a vencer el miedo, a romper viejos patrones y a lanzarse con fuerza hacia su nueva evolución. Es perfecto para rituales de renovación y para invocar el coraje.

Relación con su dueño

Para una bruja, el gato bengalí es un aliado que la empuja a la acción. Es ideal para quienes necesitan recuperar su energía vital, romper hábitos tóxicos o enfrentarse a una renovación radical. Como Escorpio, le guía hacia las profundidades de su sombra para reaparecer con más fuerza que antes. Como Aries, le recuerda que posee el valor de elegir, actuar y crear. Es el gato que le mira a los ojos y le reta a ser auténtico.

La rivalidad entre el gato y el ratón: una leyenda tan antigua como el horóscopo chino

EXISTEN VARIAS HISTORIAS RELACIONADAS CON LA SELECCIÓN DE ANIMALES QUE COMPONEN EL HORÓSCOPO CHINO. SEGÚN UNA LEYENDA, EL BUDA, SABIENDO QUE LA MUERTE SE ACERCABA, CONVOCÓ A TODOS LOS ANIMALES PARA SALUDARLOS ANTES DE CERRAR LOS OJOS POR ÚLTIMA VEZ. EL RATÓN FUE EL PRIMERO EN ACUDIR A SU LLAMADA, SEGUIDO POR EL BÚFALO, EL TIGRE, EL CONEJO, EL DRAGÓN, LA SERPIENTE, EL CABALLO, LA CABRA, EL MONO, EL GALLO, EL PERRO Y EL CERDO. DESEANDO RECOMPENSAR SU LEALTAD, EL BUDA DECIDIÓ QUE CADA UNO DE ESTOS ANIMALES DARÍA SU NOMBRE A UN CICLO LUNAR. EL GATO NO ACUDIÓ. POR ESTE MOTIVO NO APARECE SU NOMBRE EN EL HORÓSCOPO. SEGÚN OTRA LEYENDA, EL EMPERADOR DE JADE SE QUEDÓ ATÓNITO ANTE LA CANTIDAD DE ANIMALES QUE HABITABAN EN LA TIERRA Y DECIDIÓ LLEVARSE ALGUNOS AL CIELO. EL RATÓN, CELOSO DE LA BELLEZA DEL GATO, NO LO AVISÓ. CUANDO EL GATO SE ENTERÓ, SE ENFADÓ MUCHO CON EL ROEDOR. DE AHÍ NACIÓ LA RIVALIDAD ENTRE EL GATO Y EL RATÓN, QUE CONTINÚA HASTA NUESTROS DÍAS.

OCICAT

ORIGEN: Estados Unidos

CARACTERÍSTICAS DISTINTIVAS: Pelaje manchado,
cuerpo atlético, mirada penetrante

PERSONALIDAD: Curioso, sociable, dinámico

PODERES MÁGICOS: Estimula la creatividad, favorece
la transformación en las relaciones

SU PAPEL EN LA MAGIA: Mediador perfecto para
rituales de cambio consciente

Origen e historia

El ocicat, u ocigato, nació de modo accidental en la década de 1960,
de un cruce entre un siamés y un abisinio que dio como resultado
un gato doméstico de aspecto exótico y de corazón afectuoso. Es el
símbolo perfecto de la transformación personal: lo que parecemos
ser no es siempre lo que somos, y cada cambio auténtico pasa por
una comprensión profunda de nosotros mismos.

Características físicas y conductuales

El ocicat posee un cuerpo musculoso y ágil, con un pelaje manchado que le da un aspecto selvático. Es un gato sociable y afectuoso que se adapta a varios contextos con una flexibilidad extraordinaria. Le encanta ir y venir entre la casa y el mundo exterior. Tiene una personalidad brillante y demuestra un gran interés por los extraños.

Vínculo mágico: cualidades espirituales y poderes que se le atribuyen

Este gato se asocia a la energía de Géminis: es curioso y dinámico, y está conectado con el cambio mental y con las capacidades comunicativas. Su magia consiste en facilitar y desarrollar relaciones: conexiones, comunicaciones, aclaraciones. Es un puente entre lo que éramos y lo que aspiramos a ser.

Relación con su dueño

Para una bruja, el ocicat es un aliado para la exploración del cambio interior y exterior. Igual que el signo de Libra, favorece la armonía pero también invita constantemente a cuestionarse a uno mismo. Acompaña en rituales de apertura, diálogo y reconciliación.

MAU EGIPCIO

ORIGEN: Antiguo Egipto, Estados Unidos (cría selectiva moderna)

CARACTERÍSTICAS DISTINTIVAS: Manchas naturales, ojos de color ámbar o verdes, andares elegantes

PERSONALIDAD: Intuitivo, reservado, sensible

PODERES MÁGICOS: Despierta la memoria ancestral, favorece los ritos de transformación

SU PAPEL EN LA MAGIA: Perfecto para prácticas de conexión con las propias raíces

---

Origen e historia

El mau egipcio es el único gato doméstico con manchas naturales. Ya en el antiguo Egipto era considerado un animal sagrado, venerado en templos y a menudo representado acompañando a las deidades. Aunque la selección moderna de la raza se produjo en el siglo XX en Estados Unidos, hoy el mau egipcio sigue encarnando el arquetipo del custodio espiritual. Es un símbolo de transformación a través del recuerdo: solo lo que honramos puede ser afrontado y superado.

Características físicas y conductuales

Elegante y poderoso, el mau egipcio tiene unos ojos que pueden ser desde un tono ámbar hasta un verde intenso y unos músculos muy bien desarrollados. Es uno de los gatos domésticos más veloces. Le encanta observar y explorar y posee una fina sensibilidad emocional. Es selectivo a la hora de decidir en qué humano confiar, pero, cuando decide hacerlo, se convierte en una presencia silenciosa y profunda, en un guía discreto y tranquilizador.

Vínculo mágico: cualidades espirituales y poderes que se le atribuyen

Este gato resuena con la energía de Virgo, que está asociada con la purificación, la precisión ritual y la conexión con la sacralidad de la Tierra. Es el custodio de los gestos rituales y resulta perfecto para prácticas que requieren orden, conectar con los ancestros o atravesar simbólicamente los límites personales.

Relación con su dueño

Para una bruja, el gato mau egipcio es un compañero sensible y discreto que acompaña en los ritos de transformación profunda, en especial los relacionados con el recuerdo, el pasado y el arraigo en la propia historia personal y familiar. Como el signo de Cáncer, trabaja con la intimidad, la memoria emotiva y el hogar interior. Es ideal para quien desea transformar la nostalgia en conciencia, las heridas en sabiduría.

Un gato «divino»

EL MAU EGIPCIO Y EL ABISINIO SON LOS GATOS DOMÉSTICOS MÁS ANTIGUOS: SE HAN ENCONTRADO REPRODUCCIONES DE ESTOS FELINOS EN TUMBAS EGIPCIAS QUE DATAN DEL SIGLO XVI A. C. LOS CEREALES ERAN UNA DE LAS PRINCIPALES FUENTES DE ALIMENTO DEL ANTIGUO EGIPTO, ASÍ QUE ERA INDISPENSABLE LA PRESENCIA DE GATOS PARA QUE LOS ROEDORES NO ENTRARAN EN LOS GRANEROS. EL PAPEL DE LOS GATOS ERA TAN IMPORTANTE QUE EXISTÍA UNA SERIE DE LEYES QUE LOS PROTEGÍAN. ESTABA PROHIBIDO CUALQUIER ACTO DE VIOLENCIA CONTRA ELLOS, Y SOBRE TODO SACARLOS FUERA DE LAS FRONTERAS DEL REINO. LOS INFRACTORES SE ENFRENTABAN A GRAVES CASTIGOS. ADEMÁS, SE CREÍA QUE EL MAU EGIPCIO ESTABA DOTADO DE PODERES MÁGICOS: EN SU FRENTE TIENE UN DIBUJO QUE DE LEJOS RECUERDA AL ESCARABAJO SAGRADO. ES EL MISMO QUE APARECE EN LA FRENTE DE LOS FELINOS REPRESENTADOS EN LOS TEMPLOS, LO QUE INDICA UNA CONEXIÓN CON LO DIVINO.

PETERBALD

ORIGEN: Rusia

CARACTERÍSTICAS DISTINTIVAS: Sin pelo o con pelaje muy corto, perfil alargado, aspecto elegante

PERSONALIDAD: Vivaz, brillante, afectuoso

PODERES MÁGICOS: Estimula la creatividad intuitiva, conduce al renacimiento interior

SU PAPEL EN LA MAGIA: Innovador sutil, perfecto para rituales de ruptura y transformación

---

Origen e historia

El peterbald es una raza reciente, desarrollada en la década de 1990 en San Petersburgo. Procede del cruce del don sphynx y del gato oriental de pelo corto. Su aspecto futurista, su inteligencia y su sensibilidad lo convierten en un gato con un aura casi alienígena: no es solo un gato fuera de lo común, sino también portador de nuevas visiones. Simboliza el cambio que no teme salirse de la zona de confort.

Características físicas y conductuales

Elegante, esbelto y musculoso, el peterbald puede no tener pelo o solo una fina capa. Posee ojos magnéticos, orejas grandes y andares armoniosos. Es muy afectuoso y necesita el contacto humano, pero conserva una mente curiosa y vivaz. Le encanta comunicarse y no duda en «charlar» con su compañero humano.

Vínculo mágico: cualidades espirituales y poderes que se le atribuyen

El gato peterbald personifica las energías del signo de Acuario: es anticonformista e innovador. Es ideal para quienes están cambiando su modo de vivir, pensar y ser. Favorece los rituales de liberación de esquemas mentales obsoletos y la reconexión con el ser auténtico.

Relación con su dueño

Para una bruja, este gato es un apoyo durante la transición. Acompaña en momentos de crisis que anuncian un renacimiento. Como Piscis, tiene una sensibilidad fina, casi psíquica: capta las emociones y el alma, estimula sueños y visiones. Es perfecto para prácticas asociadas con la creatividad intuitiva.

BOBTAIL JAPONÉS
(DE PELO CORTO)

ORIGEN: Japón

CARACTERÍSTICAS DISTINTIVAS: Cola corta y rizada, cuerpo esbelto, movimientos ágiles y armoniosos

PERSONALIDAD: Equilibrado, curioso, alegre

PODERES MÁGICOS: Trae suerte y continuidad, facilita la transición lenta del cambio

SU PAPEL EN LA MAGIA: Guía espiritual, ideal para rituales de consolidación y transformaciones profundas que suponen un reto

---

Origen e historia

El bobtail japonés es una antigua raza asiática muy presente en la cultura japonesa, donde es un símbolo de buena suerte. Aparece en numerosas ilustraciones y esculturas, y se lo representa como el *maneki neko*, ese gato con la pata levantada que atrae la prosperidad. Su corta cola lo hace único. Este gato simboliza la transformación serena: favorece los cambios que llegan con gracia y el respeto por los valores.

Características físicas y conductuales

El bobtail japonés se caracteriza por su cuerpo ágil y musculoso y por su pelaje sedoso. Su cola, parecida a un pompón, lo hace inconfundible. Se trata de un gato curioso, juguetón y muy inteligente, tanto que aprende su nombre y responde cuando se le llama. Le encanta la rutina pero también la exploración; mantiene un equilibrio perfecto entre dinamismo y estabilidad. Aporta alegría, armonía y sutileza en los tránsitos de la vida.

Vínculo mágico: cualidades espirituales y poderes que se le atribuyen

Este gato se asocia con Tauro: lento pero constante, le encanta el bienestar y encontrarse bien anclado. Es un guía para los cambios que requieren paciencia, constancia y cuidado. Es ideal para las personas que estén viviendo un proceso de evolución paso a paso, de avance cotidiano y de cambio consciente.

Relación con su dueño

Para una bruja, el bobtail japonés es un apoyo que acompaña con gracia y determinación. Igual que Capricornio, avanza sin pausa pero sin prisa hasta al final. Es un apoyo durante los proyectos de larga duración, en las transformaciones profundas pero calculadas. Es perfecto para rituales de crecimiento responsable, construcción y protección del propio recorrido mágico.

Maneki neko: el felino de la suerte

EN EL PAÍS DEL SOL NACIENTE, EL BOBTAIL JAPONÉS SE CONSIDERA UN AUTÉNTICO PORTADOR DE BUENA FORTUNA. POR LO QUE PARECE, FUE EN EL AÑO 999 D. C. CUANDO LOS GATOS LLEGARON A JAPÓN PROCEDENTES DE CHINA, Y DURANTE MUCHO TIEMPO FUERON CONSIDERADOS EL ANIMAL IDEAL PARA LAS FAMILIAS NOBLES. EN ESPECIAL LAS RAZAS DE COLA CORTA SE HICIERON UN HUECO EN EL CORAZÓN DE LOS JAPONESES. UNA ANTIGUA LEYENDA HABLA DE OKABE, EL TERRIBLE GATO DEMONÍACO CON COLA BÍFIDA. CON UNA COLA QUE NO ES NI LARGA NI BÍFIDA COMO LA DEL DIABLO, Y CON UN ASPECTO QUE RECUERDA EL CRISANTEMO, SÍMBOLO DEL EMPERADOR Y DE LA FAMILIA IMPERIAL, EL BOBTAIL PRONTO SE CONVIRTIÓ EN EL GATO NACIONAL DE JAPÓN, E INCLUSO SE LO REPRESENTA COMO EL MANEKI NEKO, EL AMULETO DE LA SUERTE QUE LLEVA UN CASCABEL AL CUELLO Y TIENE UNA PATA ALZADA, COMO SI ESTUVIERA IMPARTIENDO UNA BENDICIÓN.

HABANA BROWN

--- ✦ ---

ORIGEN: Reino Unido

CARACTERÍSTICAS DISTINTIVAS: Pelaje marrón brillante, rostro alargado, ojos verde claro

PERSONALIDAD: Dinámico, reflexivo, magnético

PODERES MÁGICOS: Despierta el deseo de autenticidad, transforma la energía en poder personal

SU PAPEL EN LA MAGIA: Canalizador de conciencia y fuerza interior, ideal para los ritos de paso

--- ✦ ---

Origen e historia

El habana brown nació en el Reino Unido a mediados del siglo XX, de un cruce planificado entre un siamés y un gato negro doméstico. Es una raza de una belleza inconfundible. Su intenso color chocolate y su sobria elegancia lo convierten en un gato magnético, que despierta una fascinación casi esotérica. Es un animal que no pasa desapercibido, y todavía hoy se le considera una rareza.

Características físicas y conductuales

De cuerpo elegante y delgado, el habana brown tiene un pelaje brillante único. Sus ojos verdes transmiten una atención profunda. Se trata de un gato afectuoso pero selectivo, reflexivo pero decidido. No busca atención, la atrae de forma natural. Le encanta jugar, aunque de vez en cuando necesita momentos para estar solo y tranquilo.

Vínculo mágico: cualidades espirituales y poderes que se le atribuyen

Tiene la misma energía que el signo de Escorpio, que ahonda, procesa y transforma. No teme las sombras: las habita y las modela a su gusto. Es ideal para rituales de regeneración y renovación del poder personal.

Relación con su dueño

Para una bruja, el habana brown es un guía en la búsqueda de la esencia verdadera. Al igual que Leo, ayuda al humano a destacar sin alardes, a establecerse con autenticidad. Es ideal para quien está saliendo de una fase de incertidumbre o subordinación y desea reafirmar la propia presencia con firmeza y de un modo consciente. Acompaña en los rituales de identidad personal y para centrarse.

GATOS
de la
SUERTE

Hay gatos que parecen ser una bendición, que son capaces de atraer ocasiones afortunadas, relaciones felices y pequeños milagros cotidianos.

Los gatos de la suerte encarnan la energía del desarrollo personal, la alegría y las sincronicidades significativas. Los hemos asociado con planetas del mundo astrológico que expanden las cualidades mágicas y simbólicas: la abundancia de Júpiter, la dulzura de Venus, el poder de transformación de Plutón, la emotividad de la Luna. Estos felinos son los compañeros perfectos para quienes desean cultivar la belleza de la vida, aceptar el cambio y abrirse a una suerte construida con pasión.

LYKOI

ORIGEN: Estados Unidos

CARACTERÍSTICAS DISTINTIVAS: Pelaje ralo o desigual,
aspecto de «hombre lobo», ojos almendrados

PERSONALIDAD: Agudo, curioso, independiente

PODERES MÁGICOS: Favorece la transformación
profunda, estimula la adaptabilidad mental

SU PAPEL EN LA MAGIA: Gato de renacimiento, ideal
para rituales de desarrollo y para el despertar interior

Origen e historia

El lykoi, también llamado gato lobo, es una raza reciente nacida
de una mutación natural descubierta en Estados Unidos en 2010.
Su característica singular es su pelaje irregular, compuesto de pelo
negro y blanco, que le da un aspecto salvaje y antiguo. Asociado desde
el principio con la idea de metamorfosis, el lykoi se ha convertido
en un potente símbolo del cambio radical, de la aceptación de la
imperfección y del despertar de la identidad oculta.

Características físicas y conductuales

El lykoi un gato es esbelto y sorprendentemente ágil. Se adapta con facilidad a diferentes contextos, observa con atención su entorno y elige a la persona en quien confiar. Pese a su aspecto salvaje, forma un lazo profundo con aquellos que respetan su independencia.

Vínculo mágico: cualidades espirituales y poderes que se le atribuyen

El lykoi está íntimamente vinculado a Plutón, el planeta de la transformación y del poder oculto. Es un catalizador de los cambios profundos, favorece la capacidad de soltar lo viejo y de renacer en una nueva forma energética. Como Mercurio, estimula la agilidad y la rapidez de reflejos y pensamientos.

Relación con su dueño

Para una bruja, este gato es un guía durante los ritos de desarrollo personal y para despertar la auténtica naturaleza del ser. Es perfecto para rituales de metamorfosis, transición y descubrimiento de la autenticidad más profunda. Su presencia es de gran ayuda en rituales para facilitar la comunicación, el comercio y el estudio.

MANX

ORIGEN: Isla de Man

CARACTERÍSTICAS DISTINTIVAS: Sin cola o con una cola
muy corta, cuerpo compacto, andares peculiares

PERSONALIDAD: Protector, juguetón, fuertes lazos con el hogar

PODERES MÁGICOS: Atrae la prosperidad, protege
la casa y a sus habitantes

SU PAPEL EN LA MAGIA: Guardián que trae buena suerte,
ideal para rituales de abundancia y bendición doméstica

Origen e historia

El gato manx es originario de la isla de Man, en el mar de Irlanda,
donde se desarrolló de forma natural con la característica genética
de no tener cola. Este rasgo ha dado paso a fascinantes leyendas,
asociadas tanto a sucesos bíblicos como a las antiguas poblaciones
bárbaras de la isla. Considerado desde siempre un portador de buena
suerte, está ligado a la tradición marítima como protector de viajeros
y de espacios domésticos.

Características físicas y conductuales

El manx es un gato robusto y compacto, con las patas traseras más largas que las delanteras, lo que hace que tenga unos andares parecidos a los de un conejo. Es alegre, afectuoso, leal y muy ligado a su territorio. Ama el ambiente familiar, al que se adapta con relativa facilidad, y vigila con atención la casa.

Vínculo mágico: cualidades espirituales y poderes que se le atribuyen

El manx está íntimamente vinculado a la Luna, el astro de la intuición, el hogar y los ciclos vitales. Es el gato que custodia la fortuna doméstica, protege los lazos familiares y los fortalece. Como Júpiter, el planeta de la expansión y del crecimiento, amplifica lo bueno que se cultiva, protege de lo superfluo y favorece la abundancia en las pequeñas cosas cotidianas.

Relación con su dueño

Para una bruja, el manx es un guardián productivo y discreto. Sostiene durante los rituales de riqueza, protección emocional, estabilidad interior y gratitud. Su presencia atrae la buena suerte, la seguridad emocional y la abundancia, como la fase de la luna creciente.

PARA SABER UN POCO MÁS

Un desafortunado incidente en el arca de Noé

DESDE SIEMPRE, LA COLA CORTA O INEXISTENTE DEL GATO MANX HA ALIMENTADO LEYENDAS SOBRE SUS ORÍGENES. SE DICE QUE ESTE GATO FUE EL ÚLTIMO EN LLEGAR AL ARCA DE NOÉ PARA SALVARSE DEL DILUVIO Y QUE ACABÓ CON LA COLA ATRAPADA EN LA PUERTA, QUE SE LA CORTÓ DEL TODO. PERO EXISTEN HISTORIAS INCLUSO MÁS CRUENTAS SOBRE LA FALTA DE COLA DE ESTE POBRE FELINO: OTRA LEYENDA CUENTA QUE A LOS BÁRBAROS QUE HABITABAN EN LA ISLA DE MAN LES GUSTABA CORTARLES LA COLA A LOS GATOS Y UTILIZARLA PARA DECORAR SUS CASCOS COMO SEÑAL DE VICTORIA. POR ELLO, LAS GATAS EMPEZARON A ROER LA COLA DE SUS GATITOS CON EL FIN DE EVITAR QUE FUERAN CAPTURADOS Y MALTRATADOS POR LOS BÁRBAROS.

SNOWSHOE

ORIGEN: Estados Unidos

CARACTERÍSTICAS DISTINTIVAS: Garras blancas, ojos azules, cuerpo elegante y compacto

PERSONALIDAD: Dulce, sensible, equilibrado

PODERES MÁGICOS: Fortalece la resistencia emocional, favorece la armonía y la suerte en las relaciones

SU PAPEL EN LA MAGIA: Constructor de puentes, ideal para rituales de estabilidad y prosperidad emocional

---

Origen e historia

El gato snowshoe nace en Estados Unidos en la década de 1960, de un cruce entre un siamés y un gato americano de pelo corto. Su característica distintiva son las garras blancas, que parecen botitas de nieve. Esta raza está asociada con símbolos protectores cuyo objetivo es facilitar el viaje personal: cada paso es ligero pero deja una huella notable. Se le considera portador de equilibrio entre fuerza y dulzura.

Características físicas y conductuales

El gato snowshoe combina la esbelta elegancia del siamés con la dulzura típica del gato americano de pelo corto. Por lo general, le gusta la compañía de los humanos que comparten su amor por la tranquilidad. Por ello, no es recomendable como compañero para niños muy pequeños, porque no le gusta el ruido ni el caos.

Vínculo mágico: cualidades espirituales y poderes que se le atribuyen

El snowshoe se asocia con Saturno, el planeta de la solidez y de la sabiduría adquirida a lo largo del tiempo. Como Venus, protege los lazos emocionales y fomenta el equilibrio en las relaciones cotidianas.

Relación con su dueño

Para una bruja, el snowshoe es un compañero que aporta belleza y armonía. Es ideal para los rituales dedicados a la sensualidad, al amor duradero y al desarrollo de una felicidad tangible. Su energía enseña a cultivar la alegría en los actos cotidianos y a construir la buena suerte sobre cimientos sólidos, sin prisa pero con determinación.

MUNCHKIN

--- ✦ ---

ORIGEN: Estados Unidos

CARACTERÍSTICAS DISTINTIVAS: Patas cortas,
cuerpo alargado, andares juguetones

PERSONALIDAD: Alegre, curioso, dinámico

PODERES MÁGICOS: Aporta ligereza y apertura mental,
favorece la buena suerte inesperada

SU PAPEL EN LA MAGIA: Mensajero de la oportunidad,
ideal para rituales de cambio positivo

--- ✦ ---

Origen e historia

El munchkin es una raza surgida en Estados Unidos recientemente, en la década de 1980, tras una mutación natural que dio lugar a gatos con sus características patas cortas. El nombre se inspira en los pequeños personajes del libro *El maravilloso mago de Oz*. Su peculiaridad no los hace más lentos: al contrario, expresan su energía, su adaptabilidad y una extraordinaria capacidad de transformar toda limitación en un punto fuerte.

Características físicas y conductuales

A pesar de sus patas cortas, el gato munchkin es ágil, veloz y muy curioso. Tiene el cuerpo alargado, una musculatura tonificada y una naturaleza extravertida. Le encanta explorar, jugar e interactuar con su entorno. Es un gato amistoso, inteligente y capaz de adaptarse con rapidez a los cambios, infundiendo una sensación de dinamismo y ligereza a la vida doméstica.

Vínculo mágico: cualidades espirituales y poderes que se le atribuyen

El munchkin se asocia con Mercurio, el planeta de la comunicación y de la agilidad mental. Como Júpiter, el planeta de la expansión y del crecimiento, nos abre a las posibilidades inesperadas y favorece la manifestación de oportunidades felices.

Relación con su dueño

Para una bruja, este gato es un aliado para el crecimiento y la alegría. Es perfecto para rituales de éxito, trascendencia y para atraer la buena suerte. Transmite la magia del dinamismo y de la creatividad, inspira la transformación positiva y agudiza la capacidad de aprovechar las oportunidades tal como surgen, incluso las más inesperadas.

PARA SABER UN POCO MÁS

Un viaje al maravilloso mundo (felino) de Oz

EL GATO MUNCHKIN RECIBE EL NOMBRE DE LOS PERSONAJES HOMÓNIMOS QUE PUEBLAN LA CIUDAD DE MUNCHKIN EN LA NOVELA JUVENIL *EL MARAVILLOSO MAGO DE OZ*, DE L. FRANK BAUM, ESCRITOR Y PRODUCTOR CINEMATOGRÁFICO ESTADOUNIDENSE QUE VIVIÓ ENTRE LA SEGUNDA MITAD DEL SIGLO XIX Y EL PRIMER CUARTO DEL SIGLO XX. LOS HABITANTES DE LA TIERRA DE OZ, DONDE LA PEQUEÑA DOROTHY SE ENCUENTRA AL INICIO DE SU VIAJE EN BUSCA DEL MAGO, TIENEN MUCHO EN COMÚN CON EL GATO MUNCHKIN. COMO ÉL, SON AMISTOSOS, AFECTUOSOS Y DE PEQUEÑO TAMAÑO. OTRA PECULIARIDAD DE ESTE GATO ES SU CAPACIDAD DE SENTARSE SOBRE LAS PATAS TRASERAS, SOSTENIÉNDOSE SOBRE LA COLA, Y MOVER LAS PATAS DELANTERAS COMO UN CANGURO.

NEVA MASQUERADE

ORIGEN: Rusia

CARACTERÍSTICAS DISTINTIVAS: Pelaje largo y espeso, ojos azules, antifaz oscuro

PERSONALIDAD: Misterioso, afectuoso, sensible

PODERES MÁGICOS: Despierta la conexión espiritual, fomenta la intuición

SU PAPEL EN LA MAGIA: Custodio de las bendiciones, ideal para rituales de inspiración y prosperidad

---

Origen e historia

El neva masquerade es la variante color point del gato siberiano, presente en Rusia desde hace tiempo como parte de la población felina que habitaba en libertad en los bosques. Caracterizado por el antifaz oscuro de su rostro, se le considera portador de protección y de una enigmática belleza. Siempre ha sido considerado un puente entre el mundo visible y el invisible.

Características físicas y conductuales

El neva masquerade es poderoso pero elegante, con un denso pelaje impermeable y unos luminosos ojos azules. Suele mantener una actitud serena y, en general, es una raza muy independiente. Igual que el siberiano, es un cazador excelente y le encantan los estímulos mentales y físicos.

Vínculo mágico: cualidades espirituales y poderes que se le atribuyen

Este gato se asocia con Neptuno, el planeta de la espiritualidad, la imaginación y los sueños. Su energía ayuda a abrirse al mundo invisible y a la intuición. Su presencia favorece una mayor conexión con la energía espiritual, la libertad interior, el misticismo y la espiritualidad.

Relación con su dueño

Para una bruja, el gato neva masquerade es un guía místico: le sirve de apoyo en su recorrido hacia el crecimiento y como protección en su viaje espiritual. Ayuda con los rituales de inspiración, manifestación de deseos profundos y de conexión con el propio camino del alma.

TAILANDÉS

ORIGEN: Tailandia

CARACTERÍSTICAS DISTINTIVAS: Cuerpo armonioso,
ojos de color azul intenso, máscara oscura

PERSONALIDAD: Dulce, comunicativo, sensible

PODERES MÁGICOS: Favorece la armonía emocional,
atrae la serenidad y las relaciones auténticas

SU PAPEL EN LA MAGIA: Custodio del amor consciente,
ideal para rituales de paz y lazos profundos

Origen e historia

El gato tailandés, también llamado thai o siamés tradicional,
desciende directamente del antiguo siamés, de estructura más
armoniosa y redondeada que el siamés moderno. Este gato, una raza
natural originaria de Tailandia, encarna las cualidades más auténticas
y espirituales de la tradición asiática: belleza natural, comunicación
emocional y conexión profunda con el mundo sutil. Es un animal que
aporta equilibrio y sabiduría a las relaciones.

Características físicas y conductuales

De cuerpo esbelto y suave, magnéticos ojos azules y un pelaje claro con los extremos oscuros, el gato tailandés es sociable y afectuoso. Ama la compañía y se comunica mediante sonidos melodiosos, hasta tal punto que se le denomina «gato parlante». Es muy hábil a la hora de expresar sus necesidades y de buscar y traer objetos pequeños. En las relaciones sabe crear lazos fuertes y serenos.

Vínculo mágico: cualidades espirituales y poderes que se le atribuyen

El gato tailandés está íntimamente asociado con Venus, el planeta del amor y de la belleza armoniosa. Como la Luna, respalda los ciclos interiores y acompaña en los rituales de conexión emocional, cuidado de las relaciones y serenidad doméstica.

Relación con su dueño

Para una bruja, este gato es un compañero muy intuitivo. Es perfecto para quienes desean proteger su lado emocional, reforzar la intimidad y vivir de acuerdo con los ritmos del corazón. Aporta un sentido de plenitud a la vida emocional y fomenta la reconciliación y la apertura del corazón, incluso después de épocas difíciles.

Tailandés: fiel guardián de templos y soporte de anillos

SEGÚN ANTIGUAS LEYENDAS LOCALES, EL ESTRABISMO DEL GATO TAILANDÉS SE DEBE A SU PAPEL DE GUARDIÁN DE TEMPLOS. SE DICE QUE ERA MUY COMÚN EMPLEAR GATOS DE ESTA RAZA PARA PROTEGER VASIJAS ANTIGUAS: EL FELINO ENROSCABA SU COLA ALREDEDOR DE LA VASIJA Y NO DEJABA DE MIRAR A DERECHA E IZQUIERDA, ATENTO A CUALQUIER PELIGRO. ESTE SERÍA EL ORIGEN DE SU MIRADA ESTRÁBICA Y DE SU COLA GANCHUDA. POR LO GENERAL, ERA UN GATO QUE ESTABA MUY DE MODA EN LAS FAMILIAS REALES, TANTO QUE OTRA LEYENDA AFIRMA QUE LAS PRINCESAS ORIENTALES EMPLEABAN LA COLA DEL GATO TAILANDÉS PARA GUARDAR SUS MÚLTIPLES ANILLOS, UNA PRÁCTICA QUE CON EL TIEMPO HIZO QUE LA COLA DEL GATO QUEDARA TORCIDA. ESTO EXPLICARÍA TAMBIÉN SUS CONSIDERABLES CAPACIDADES COMUNICATIVAS: TRAS SIGLOS DE SILENCIOSA OBEDIENCIA, ¡POR FIN DECIDIÓ EXPRESAR SUS NECESIDADES!

BURMÉS

ORIGEN: Birmania (actualmente Myanmar)

CARACTERÍSTICAS DISTINTIVAS: Pelaje corto y brillante, ojos dorados, cuerpo compacto y musculoso

PERSONALIDAD: Afectuoso, despierto, carismático

PODERES MÁGICOS: Atrae el amor y la alegría, forma lazos armoniosos

SU PAPEL EN LA MAGIA: Expande la energía positiva, ideal para rituales de atracción y bienestar

---

Origen e historia

El gato burmés tiene sus orígenes en el sudeste asiático, donde era considerado un animal sagrado y portador de buena suerte. La raza incluye el burmés europeo, de pelaje marrón, rojizo o gris azulado, y el burmés americano, de pelaje marrón oscuro. Símbolo de la dulzura y del carisma, el burmés se asocia con los hogares felices y las relaciones emocionales profundas. Su presencia favorece la apertura del corazón y la aceptación de una felicidad altruista.

Características físicas y conductuales

Pequeño y compacto, el gato burmés posee un cuerpo musculoso y un pelaje corto, sedoso y brillante. Sus ojos dorados parecen iluminar todo aquello que observa. Le encanta la compañía humana, adora que lo cojan en brazos y siempre busca el contacto físico. Es confiado y transmite una energía cálida y envolvente.

Vínculo mágico: cualidades espirituales y poderes que se le atribuyen

Este gato se asocia con Venus, el planeta del amor. Su energía magnética favorece que surjan y se nutran los auténticos lazos emocionales. Como el Sol, transmite vitalidad y alegría. Su presencia cálida y protectora contribuye a incrementar la energía de su compañero humano y a que este reconozca el valor de su luz interior.

Relación con su dueño

Para una bruja, el burmés es un compañero que irradia positividad. Es perfecto para los rituales para atraer la felicidad y el éxito personal. Estimula la apertura emocional, la gratitud y el deseo de estar rodeado de belleza y cortesía, tanto en el entorno como en las relaciones.

SOKOKE

ORIGEN: Kenia (selva tropical de Sokoke-Arabuko)

CARACTERÍSTICAS DISTINTIVAS: Pelaje veteado, cuerpo esbelto y musculoso, movimientos rápidos

PERSONALIDAD: Vivaz, independiente, intuitivo

PODERES MÁGICOS: Despierta la energía vital y la adaptabilidad, fomenta la buena suerte durante los cambios

SU PAPEL EN LA MAGIA: Guía en los procesos de renovación, ideal para rituales de adaptación e impulso

---

Origen e historia

El gato sokoke es una raza natural que se originó en la selva tropical de Arabuko. Descubierta en la década de 1970, se caracteriza por su pelaje veteado que recuerda las raíces ancestrales y el vínculo con la naturaleza salvaje. Es un gato insólito, un símbolo de adaptabilidad, resistencia y fuerza tranquila, y en numerosas tradiciones africanas es considerado portador de buena suerte durante los viajes y los cambios importantes.

Características físicas y conductuales

Ágil, veloz y atento, al sokoke le encanta explorar, es observador y se mueve con gracia. Posee una viva inteligencia y establece lazos profundos con quienes consiguen respetar su espíritu independiente. Es curioso, afectuoso y siempre está dispuesto a reaccionar con agilidad a las novedades del entorno. Suele maullar con frecuencia para llamar la atención de su compañero humano.

Vínculo mágico: cualidades espirituales y poderes que se le atribuyen

El gato sokoke se asocia con Urano, el planeta de los cambios repentinos y la originalidad. Canaliza nuevas oportunidades, ayuda a aceptar lo inesperado y transforma la sorpresa en suerte transformativa. Al igual que Marte, aporta impulso, energía y la capacidad de actuar de forma decisiva en puntos de inflexión.

Relación con su dueño

Para una bruja, este gato representa un estímulo para el crecimiento activo. Es ideal para los rituales que abren nuevos caminos, para superar miedos y conquistar de forma positiva el camino personal. También constituye un apoyo estable en momentos de cambio y aporta la vitalidad necesaria para las diferentes etapas del cambio, ya sea espiritual o físico.

PARA SABER UN POCO MÁS

El gato-corteza: una historia que se inicia en la selva

EL GATO SOKOKE ESTÁ MUY VINCULADO CON LAS SELVAS KENIANAS DE LAS QUE PROCEDE. EL NOMBRE ANCESTRAL DE LA RAZA ES *KHADZONZO*, QUE SIGNIFICA «COMO LA CORTEZA DEL ÁRBOL». FUE LA TRIBU DE LOS GIRIAMAS, DE LA COSTA NORORIENTAL DE KENIA, QUIEN LE DIO SU NOMBRE, COMO PRUEBA DEL ESTRECHO LAZO QUE LOS MIEMBROS DE ESTE GRUPO TIENEN CON EL ANIMAL. EL PELAJE IRREGULAR DEL SOKOKE RECUERDA LA CORTEZA DE UN ÁRBOL. FUE EFECTIVAMENTE EN LA COSTA DE KENIA DONDE LOS OCCIDENTALES DESCUBRIERON ESTE GATO. EN LOS CONFINES DE UNA SELVA NO LEJOS DEL OCÉANO ÍNDICO, UN INGLÉS RESIDENTE EN KENIA ENCONTRÓ UNOS GATITOS Y DECIDIÓ QUEDÁRSELOS. ESTO OCURRIÓ EN LA DÉCADA DE 1970, PERO PASARÍAN UNOS VEINTE AÑOS ANTES DE QUE LA RAZA FUERA OFICIALMENTE RECONOCIDA.

Introducciones de

Ewa Princi

Etóloga felina de formación internacional, Ewa Princi es la fundadora del método de Bienestar Etológico del Gato (BEG®) y de la psicoetología felina. Ha coordinado varias publicaciones y proyectos formativos, integrando etología, psicología y crecimiento personal en las relaciones entre humanos y gatos.

Federica Vanini

Conocida como Incanto del Corvo («el Encanto del Cuervo»), es una estudiosa autónoma profundamente apasionada por la magia popular italiana. Autora de *La rueda del año de la bruja*, comparte su investigación sobre los vínculos entre tradiciones, naturaleza y prácticas mágicas a través de su propia página web.

Ilustraciones de

Fabiana Belmonte

Fabiana Belmonte estudió arte e ilustración en Londres y España. Usa Photoshop, pero, antes de dedicarse al *collage* digital, también experimentó con la fotografía tradicional. Ha diseñado muchas cubiertas de libros y ha ganado varios premios por su obra, que se distingue por el tono surrealista y el homenaje a la naturaleza, lo femenino y el mundo onírico. Ha ilustrado *I Tarocchi della foresta* («El tarot del bosque») y el libro *Erbe e streghe* («Hierbas y brujas»).